DER VOLLSTÄNDIGE LEITFADEN ZU UX-DESIGN FÜR ANFÄNGER

Eine Schritt-für-Schritt-Einführung
in die Prinzipien und Praktiken des
User Experience Design Thinking

CHAD SCOTT

CONTENTS

EINFÜHRUNG

Die digitale Welt entwickelt sich rasant weiter und mit ihr hat sich der Bereich User Experience (UX) Design zu einer der einflussreichsten und gefragtesten Disziplinen entwickelt. Ganz gleich, ob Sie hier sind, weil Sie sich für UX interessieren, über eine berufliche Veränderung nachdenken oder einfach nur verstehen möchten, was UX-Designer tun, Sie sind am richtigen Ort. Dieses Buch soll Sie durch die grundlegenden Aspekte des UX-Designs führen und anhand klarer, einfacher Sprache und praktischer Beispiele ein Feld entmystifizieren, in dem es zwar komplex ist, es aber letztendlich darum geht, Menschen zu verstehen und ihre digitalen Interaktionen einfacher und angenehmer zu gestalten.

Im Kern dreht sich beim UX-Design alles um den Benutzer – seine Bedürfnisse, seine Frustrationen und letztendlich seine Zufriedenheit. Ein guter UX-Designer macht das Navigieren auf einer Website, die Verwendung einer App oder die Interaktion mit einem digitalen Produkt so intuitiv und angenehm wie möglich. Es ist eine Mischung aus Psychologie, Design und Technologie, und deren Beherrschung kann die Türen zu einer lohnenden und innovativen Karriere öffnen.

In diesem Buch untersuchen wir den fünfstufigen Design-Thinking-Prozess, den erfolgreiche UX-Designer weltweit anwenden, und erläutern die Fähigkeiten, Werkzeuge und Denkweisen, die Sie für den Beginn Ihrer Reise in das UX-Design benötigen. Ganz gleich, ob Sie Ihr Verständnis digitaler Erlebnisse verbessern möchten oder bereit sind, in ein neues Gebiet einzutauchen, dieser Leitfaden bietet Ihnen die

Grundlage, die Sie für den Einstieg benötigen.

Warum UX-Design für Unternehmen und Designer wichtig ist
Warum ziehen manche Apps und Websites Menschen an, während andere sie abschrecken? Warum gedeihen einige Unternehmen online, während andere Schwierigkeiten haben, ihr Publikum zu halten? Ein Großteil der Antwort liegt im UX-Design. Eine gut gestaltete Benutzererfahrung ist kein Luxus mehr, sondern eine Notwendigkeit. Hier erfahren Sie, warum UX-Design wichtig ist und welche Auswirkungen es auf Unternehmen und Designer gleichermaßen hat:

Für Unternehmen: Benutzererfahrung ist der Schlüssel zum Erfolg

1. **Kundenzufriedenheit und Loyalität**
   Eine gut gestaltete Benutzererfahrung sorgt dafür, dass Menschen wiederkommen. Wenn ein Kunde eine Website oder App als einfach zu navigieren und angenehm zu nutzen empfindet, ist die Wahrscheinlichkeit höher, dass er wiederkommt und sich mit der Marke beschäftigt. Studien haben gezeigt, dass 89 % der Verbraucher nach einer schlechten Benutzererfahrung zu einem Konkurrenten wechseln. UX-Design beeinflusst direkt die Benutzerzufriedenheit und macht aus einmaligen Besuchern treue Kunden.

2. **Erhöhte Conversion-Raten**
   UX-Design lässt die Dinge nicht nur gut aussehen; es kann das Geschäftsergebnis eines Unternehmens direkt steigern. Untersuchungen zeigen beispielsweise, dass eine gut gestaltete UX die Konversionsraten um bis zu 400 % steigern kann. Ein einfaches, intuitives Design macht es Benutzern leicht, das Gesuchte zu finden, Einkäufe abzuschließen oder andere Maßnahmen zu ergreifen, die dem Unternehmen zugute kommen.

3. **Reduzierte Kosten**

Wenn Unternehmen frühzeitig im Produktentwicklungsprozess in UX-Design investieren, sparen sie auf lange Sicht Zeit und Geld. Das Erkennen und Lösen von Usability-Problemen während der Entwurfsphase verringert die Wahrscheinlichkeit kostspieliger Korrekturen nach der Markteinführung. Das Ergebnis? Niedrigere Entwicklungskosten, weniger Kundenbeschwerden und effizientere Updates und Verbesserungen.

Für Designer: Aufbau einer Karriere mit Ziel und Wachstum

1. **Hohe Nachfrage und Karrierechancen**
   Da immer mehr Unternehmen den Wert von benutzerzentriertem Design erkennen, steigt die Nachfrage nach qualifizierten UX-Designern weiter. Eine Karriere im Bereich UX bietet branchenübergreifend eine Fülle von Möglichkeiten – sei es in der Technologiebranche, im Einzelhandel, im Finanzwesen oder im Gesundheitswesen. UX-Designer finden sich oft in Rollen wieder, in denen sie einen echten Einfluss auf das Produkt, die Marke und den Erfolg des Unternehmens haben können.

2. **Ein Fokus auf Problemlösung**
   UX-Design ist für Menschen, die es lieben, Probleme kreativ zu lösen. Es geht nicht nur darum, etwas gut aussehen zu lassen; es geht darum, Menschen zu verstehen und Lösungen zu entwickeln, die ihnen das Leben erleichtern. Jedes Projekt stellt einzigartige Herausforderungen dar und macht UX zu einem spannenden und erfüllenden Bereich für diejenigen, die von Innovation und Anpassungsfähigkeit leben.

3. **Persönliches und berufliches Wachstum**
   UX-Design vereint technische und Soft Skills – Verständnis der Benutzerpsychologie, Zusammenarbeit mit funktionsübergreifenden Teams und Verwendung

von Designtools und -technologien. Der Bereich entwickelt sich ständig weiter und Designer müssen lebenslang lernen und über neue Tools, Trends und Best Practices auf dem Laufenden bleiben. Dieses kontinuierliche Lernen macht UX zu einer lohnenden und dynamischen Karriere.

Aufbau einer anfängerfreundlichen UX-Denkweise

Das Eintauchen in UX-Design kann überwältigend sein. Als Anfänger ist es wichtig, die richtige Einstellung zu entwickeln, um die bevorstehenden Herausforderungen zu meistern und sich auf den Erfolg vorzubereiten. Hier sind drei Schlüsselaspekte einer einsteigerfreundlichen UX-Denkweise:

1. Seien Sie neugierig und einfühlsam

Großartige UX-Designer sind unendlich neugierig. Sie wollen verstehen, warum sich Menschen so verhalten, was sie motiviert und was sie frustriert. Neugier fördert Empathie – die Fähigkeit, Dinge aus der Perspektive des Benutzers zu sehen. Wenn Sie sich wirklich für die Erfahrungen der Benutzer interessieren, ist es wahrscheinlicher, dass Sie Lösungen entwickeln, die ihren Bedürfnissen entsprechen.

Um Empathie zu fördern, nehmen Sie sich die Zeit, etwas über Ihr Publikum zu lernen, sein Verhalten zu beobachten und seine Schwachstellen zu verstehen. Gehen Sie aufgeschlossen an jedes Projekt heran und sind Sie bereit, verschiedene Perspektiven zu erkunden. Diese Denkweise hilft Ihnen, zielgerichtet zu entwerfen und Erlebnisse zu schaffen, die bei den Benutzern Anklang finden.

2. Seien Sie offen für Feedback und kontinuierliches Lernen

UX-Design ist iterativ – das bedeutet, dass Sie Ihre Arbeit basierend auf dem Feedback der Benutzer ständig testen, verfeinern und verbessern. Offenheit für konstruktive Kritik ist für die Weiterentwicklung eines Designers von entscheidender Bedeutung. Lassen Sie sich nicht entmutigen, wenn Ihre ersten Ideen nicht perfekt sind. Betrachten Sie stattdessen jedes Projekt als Lernmöglichkeit.

Der Bereich UX entwickelt sich ständig weiter und es entstehen ständig neue Tools, Techniken und Erkenntnisse. Wenn Sie neugierig bleiben und mit den Branchentrends Schritt halten, bleiben Sie relevant und entwickeln ein starkes Designportfolio. Denken Sie daran, dass selbst die erfahrensten Designer als Anfänger angefangen haben.

3. Konzentrieren Sie sich auf die Lösung von Problemen und nicht nur auf die Erstellung hübscher Designs
Während visuelles Design ein Teil von UX ist, liegt der Fokus immer auf Funktionalität und Benutzerfreundlichkeit. Ein schönes Design, das nicht den Bedürfnissen des Benutzers entspricht, ist letztendlich wirkungslos. Um in UX erfolgreich zu sein, konzentrieren Sie sich auf die Lösung realer Probleme. Fragen Sie sich, *„Wie kann ich diesen Prozess für den Benutzer einfacher machen?"* Oder *„Welche Designwahl wird die Frustration reduzieren und die Zufriedenheit steigern?"*

Indem Sie Ihre Arbeit auf Zweck und Funktion ausrichten, gehen Sie mit einem kritischeren Blick an das Design heran und treffen Entscheidungen, die den Benutzern zugute kommen und zu besseren Erfahrungen führen. Mit der Zeit wird Sie diese problemlösende Denkweise als umsichtiger, benutzerzentrierter Designer hervorheben.

Mit der richtigen Einstellung wird UX-Design zu mehr als nur einer Fähigkeit – es ist eine lohnende Möglichkeit, die Art und Weise zu beeinflussen, wie Menschen mit der digitalen Welt interagieren. Im weiteren Verlauf werden wir uns mit jedem Aspekt des UX-Designs befassen, von den Grundlagen bis hin zu den Tools und Techniken, die Ihre Reise prägen werden. Fangen wir an!

TEIL 1

Die Grundlagen des UX-Designs verstehen

KAPITEL 1

Was ist UX-Design? Schlüsselkonzepte

In einer Welt, in der digitale Erlebnisse eine große Rolle in unserem täglichen Leben spielen, hat sich User Experience (UX)-Design zu einer entscheidenden Disziplin entwickelt. Es geht nicht nur darum, die Dinge gut aussehen zu lassen; es geht darum zu verstehen, wie Menschen mit Technologie interagieren, ihre Bedürfnisse zu antizipieren und Lösungen zu schaffen, die ihre Erfahrung nahtlos und angenehm machen. Aber was genau ist UX-Design? Und was unterscheidet es von anderen Designdisziplinen? Lassen Sie uns die Schlüsselkonzepte aufschlüsseln, die UX-Design definieren und uns helfen, seinen einzigartigen Zweck und seine Rolle in der heutigen digitalen Landschaft zu verstehen.

UX-Design verstehen

Mehr als nur hübsche Schnittstellen

Im Kern geht es beim UX-Design darum, digitale Produkte zu schaffen, die einfach zu bedienen, effizient und unterhaltsam sind. Es konzentriert sich auf die vollständige Erfahrung, die eine Person macht, wenn sie mit einem Produkt interagiert, beispielsweise einer Website, einer App oder einer Softwareplattform. Diese Erfahrung umfasst alles, von der Geschwindigkeit, mit der Benutzer finden, was sie brauchen, über die reibungslose Erledigung einer Aufgabe bis hin zu dem

Gefühl, wie zufriedenstellend und intuitiv sich die gesamte Interaktion anfühlt.

Im Gegensatz zum UI-Design (User Interface), das sich auf das Erscheinungsbild eines Produkts konzentriert, geht es beim UX-Design darum, die gesamte Reise eines Benutzers zu verstehen und zu gestalten. Während UI sicherlich eine Komponente von UX ist, umfasst UX den gesamten Bereich der Interaktion – Emotionen, Benutzerfreundlichkeit, Klarheit und sogar Zugänglichkeit.

Das Ziel des UX-Designs

Den Benutzer an die erste Stelle setzen

Das Hauptziel des UX-Designs besteht darin, sicherzustellen, dass Benutzer das Produkt, mit dem sie interagieren, als wertvoll erachten. Das bedeutet, die Bedürfnisse, Wünsche, Motivationen und Schwachstellen der Benutzer zu verstehen. Um dies zu erreichen, legen UX-Designer Wert auf benutzerzentriertes Design, was bedeutet, dass jede Entscheidung unter Berücksichtigung des Benutzers getroffen wird. Dieser Ansatz reduziert Reibungsverluste, minimiert Frustrationen und zielt darauf ab, echte Probleme der Benutzer zu lösen.

Gutes UX-Design kann einen erheblichen Einfluss auf den Erfolg eines Unternehmens haben. Eine positive Benutzererfahrung hält die Benutzer bei der Stange, regt sie zum Wiederkommen an und kann sogar Gelegenheitsbesucher in treue Kunden verwandeln. Andererseits kann eine schlechte UX Benutzer frustrieren und dazu führen, dass sie das Produkt ganz aufgeben. Aus diesem Grund ist UX-Design für jedes Unternehmen unerlässlich, das starke Beziehungen zu seinen Benutzern aufbauen möchte.

Schlüsselkonzepte im UX-Design

Um UX-Design in seiner Gesamtheit zu verstehen, wollen wir einige der Kernkonzepte untersuchen, die jeder UX-Designer verstehen muss:

1. **Benutzerzentriertes Design**
   Benutzerzentriertes Design ist eine Designphilosophie, die den Benutzer in den Mittelpunkt jeder Entscheidung stellt. Das bedeutet, dass sich UX-Designer nicht nur auf das konzentrieren, was gut aussieht oder zu den Geschäftszielen passt, sondern sich die Zeit nehmen, zu verstehen, wer die Benutzer sind, was sie brauchen und wie das Produkt ihnen effektiv dienen kann. Dieser Ansatz führt zu Produkten, die sich natürlich in der Anwendung anfühlen und für den Benutzer wirklich hilfreich sind.

2. **Benutzerfreundlichkeit**
   Benutzerfreundlichkeit ist ein Eckpfeiler des UX-Designs. Es bezieht sich darauf, wie einfach es für Benutzer ist, mit einem Produkt zu interagieren und ihre Ziele zu erreichen. Wenn ein Produkt eine hohe Benutzerfreundlichkeit aufweist, können Benutzer Aufgaben schnell und mit minimalem Aufwand erledigen. Eine schlechte Benutzerfreundlichkeit hingegen kann zu Frustration, Fehlern und Abbruch führen. Usability-Tests sind eine gängige Praxis im UX-Design, um diesen Aspekt der Benutzererfahrung zu messen und zu verbessern.

3. **Zugänglichkeit**
   Barrierefreiheit stellt sicher, dass Produkte von Menschen aller Fähigkeiten, einschließlich Menschen mit Behinderungen, genutzt werden können. Ziel von UX-Designern ist es, Produkte zu schaffen, die inklusiv sind und von einem vielfältigen Publikum genutzt werden können. Dies bedeutet, dass beim Entwerfen die visuelle, akustische, physische und kognitive Zugänglichkeit berücksichtigt werden muss. Barrierefreiheit ist nicht nur eine moralische Verpflichtung; in vielen Regionen ist dies auch

gesetzlich vorgeschrieben für digitale Produkte.

4. **Informationsarchitektur (IA)**

Unter Informationsarchitektur versteht man die Organisation und Strukturierung von Inhalten in einer Weise, die Benutzern das Auffinden von Informationen und das Erledigen von Aufgaben erleichtert. Im UX-Design umfasst IA die Entscheidung, wie Informationen auf einem Produkt gruppiert, beschriftet und präsentiert werden. Das Ziel besteht darin, eine Struktur zu schaffen, die für Benutzer sinnvoll ist und sie ohne Verwirrung durch ihre Reise führt.

5. **Interaktionsdesign**

Beim Interaktionsdesign geht es darum, wie Benutzer mit einem Produkt interagieren und wie das Produkt auf diese Interaktionen reagiert. Es geht darum, interaktive Elemente wie Schaltflächen, Navigationsmenüs, Formulare und Gesten so zu gestalten, dass sie sich intuitiv anfühlen. Ein gut gestalteter Interaktionsablauf ermöglicht es Benutzern, Aktionen reibungslos auszuführen, klares Feedback zu geben und die Benutzer zu motivieren.

6. **Visuelles Design**

Obwohl visuelles Design oft getrennt von UX betrachtet wird, ist es ein wichtiger Aspekt der Benutzererfahrung. Beim visuellen Design geht es darum, ein Produkt zu schaffen, das nicht nur funktional, sondern auch optisch ansprechend ist. Es umfasst Elemente wie Farbschemata, Typografie, Layout und Bilder. Ein gutes visuelles Design verbessert das Gesamterlebnis, indem es dafür sorgt, dass sich das Produkt zusammenhängend, elegant und angenehm in der Anwendung anfühlt.

7. **Benutzerforschung**

Benutzerforschung ist die Grundlage des UX-Designs. Dabei geht es darum, Erkenntnisse über Benutzer, ihr Verhalten, ihre Bedürfnisse und Motivationen zu sammeln. UX-Designer nutzen Techniken wie Umfragen, Interviews, Usability-Tests und Beobachtungen, um Benutzer tiefgreifend zu verstehen. Diese Informationen leiten Designentscheidungen und stellen sicher, dass sie auf tatsächlichen Benutzerbedürfnissen und nicht auf Annahmen basieren.

8. **Prototyping und Tests**

Beim Prototyping handelt es sich um den Prozess der Erstellung einer vorläufigen Version eines Produkts, um Ideen zu testen und zu validieren. Es ermöglicht Designern, mit verschiedenen Lösungen zu experimentieren, Benutzerfeedback einzuholen und Verbesserungen vorzunehmen, bevor sie das Endprodukt auf den Markt bringen. Das Testen dieser Prototypen mit tatsächlichen Benutzern hilft dabei, Probleme zu identifizieren und das Design zu verfeinern, was letztendlich zu einer besseren Benutzererfahrung führt.

Der UX-Prozess

Eine iterative Reise

UX-Design ist selten ein linearer Prozess; es ist iterativ. Das bedeutet, dass UX-Designer nicht einem strikten, einseitigen Weg folgen, sondern jeden Schritt auf der Grundlage neuer Informationen und Rückmeldungen mehrmals überdenken und verfeinern. Dieser Ansatz ermöglicht es Designern, das Produkt kontinuierlich zu verbessern und es an die sich ändernden Benutzerbedürfnisse anzupassen.

Ein wesentlicher Bestandteil dieses iterativen Prozesses ist der fünfstufige Design-Thinking-Ansatz:

1. **Einfühlen:** Die Bedürfnisse, Ziele und Schwachstellen der Benutzer verstehen.

2. **Definieren:** Das Problem, das durch den Entwurf gelöst werden soll, muss klar identifiziert werden.
3. **Design:** Generierung einer breiten Palette kreativer Lösungen.
4. **Prototyp:** Erstellen einer testbaren Version des Produkts.
5. **Prüfen:** Sammeln von Feedback zur Verfeinerung und Verbesserung des Designs.

Jede Phase informiert über die nächste und schafft einen Zyklus kontinuierlicher Verbesserung. Dieser Prozess hilft Designern nicht nur, benutzerzentriert zu bleiben, sondern führt auch zu innovativeren und effektiveren Lösungen.

Warum UX und UI oft verwechselt werden

Viele Menschen verwenden „UX" und „UI" synonym, aber sie sind nicht dasselbe. Während es beim UI-Design (User Interface) darum geht, das Erscheinungsbild eines Produkts zu schaffen, umfasst UX-Design die gesamte User Journey. Stellen Sie sich das so vor: UX ist die Karte, die den Weg des Benutzers leitet, während UI die Ästhetik ist, die diesen Weg visuell angenehm macht.

UI konzentriert sich auf visuelle Elemente wie Farbschemata, Schaltflächenstile und Schriftartenauswahl, während UX umfassendere Fragen berücksichtigt wie „Wie können wir es Benutzern erleichtern, das zu finden, was sie suchen?" und „Was würde dazu führen, dass Benutzer sich bei der Verwendung dieses Produkts glücklich und sicher fühlen?"

In der Praxis ist UI eine Komponente von UX, aber UX umfasst weit mehr als nur das Erscheinungsbild – es geht um das Gesamterlebnis von Anfang bis Ende.

Alles zusammenbringen

UX-Design ist ein reichhaltiges, vielschichtiges Feld, das Kreativität und Einfühlungsvermögen mit Strategie und

Analyse in Einklang bringt. Im besten Fall kombiniert UX-Design Kunst und Wissenschaft, um digitale Erlebnisse zu schaffen, die nicht nur gut aussehen, sondern auch einen echten Zweck erfüllen. Es geht darum, Erfahrungen zu schaffen, die bei den Benutzern Anklang finden, ihre Probleme lösen und ihr Leben ein wenig einfacher machen.

Mit dieser Grundlage sind Sie auf dem besten Weg, das Gesamtbild des UX-Designs zu verstehen. Wenn Sie tiefer in jedes Konzept eintauchen, werden Sie sehen, wie all diese Elemente zusammenwirken, um ansprechende, funktionale und benutzerzentrierte Produkte zu schaffen. Lassen Sie uns weiterhin die wesentlichen Werkzeuge, Prinzipien und Praktiken erforschen, die Ihnen den Weg zum Erfolg in der aufregenden Welt des UX-Designs ebnen.

KAPITEL 2

Die wichtigsten Unterschiede zwischen UX- und UI-Design

In der Designwelt tauchen häufig zwei Begriffe gemeinsam auf: UX und UI. Obwohl sie miteinander verbunden und oft miteinander verflochten sind, dienen sie im Bereich des digitalen Produktdesigns unterschiedlichen Zwecken. Das Verständnis der Unterschiede zwischen UX (User Experience) und UI (User Interface) ist für jeden angehenden Designer oder jeden, der mit Designteams zusammenarbeitet, von entscheidender Bedeutung. Beide Bereiche zielen darauf ab, ein Produkt zu schaffen, das die Benutzer lieben, aber sie gehen dieses Ziel auf sehr unterschiedliche Weise an. Lassen Sie uns die Rollen von UX- und UI-Design untersuchen und klären, was sie jeweils bedeuten.

Definition von UX-Design: Die gesamte Reise

Das User Experience (UX)-Design konzentriert sich auf die gesamte Reise, die ein Benutzer bei der Interaktion mit einem Produkt unternimmt. Betrachten Sie es als eine Roadmap, die Benutzer von einem Punkt zum anderen führt und sicherstellt, dass sich jede Interaktion reibungslos, intuitiv und zufriedenstellend anfühlt. Beim UX-Design geht es um Problemlösung; es geht darum, die Bedürfnisse, Verhaltensweisen und Schwachstellen der Benutzer zu verstehen, um Lösungen zu entwickeln, die diese Faktoren effektiv angehen.

Die Aufgabe eines UX-Designers besteht darin, sicherzustellen, dass sich jeder Schritt der User Journey zusammenhängend und logisch anfühlt. Dieser Prozess umfasst Recherche, Benutzertests und iterative Anpassungen, um sicherzustellen, dass das Design den tatsächlichen Benutzeranforderungen entspricht. UX-Design ist ganzheitlich und umfasst eine breite Palette von Praktiken wie Benutzerforschung, Informationsarchitektur, Wireframing, Prototyping und Usability-Tests. Letztendlich geht es darum, ein Produkt nützlich, zugänglich und angenehm zu gestalten.

Schlüsselelemente des UX-Designs

- **Benutzerforschung:** Sammeln von Informationen über Benutzerbedürfnisse, Motivationen und Schwachstellen.
- **Informationsarchitektur (IA):** Strukturieren Sie Inhalte und Navigation, damit Benutzer leicht finden, was sie brauchen.
- **Prototyping und Wireframing:** Erstellen vorläufiger Versionen eines Produkts, um Ideen zu visualisieren und zu testen.
- **Usability-Tests:** Sammeln Sie Feedback von Benutzern, um das Design auf der Grundlage realer Interaktionen zu verfeinern.
- **Interaktionsdesign:** Entwerfen, wie Benutzer mit verschiedenen Elementen wie Schaltflächen und Formularen interagieren.

Beim UX-Design geht es zwar nicht darum, das visuelle Erscheinungsbild eines Produkts zu schaffen, es hat jedoch großen Einfluss darauf, wie das Produkt funktioniert und wie Benutzer es erleben. UX konzentriert sich auf das *Warum* und *Wie*– warum ein Produkt verwendet wird und wie es die

Benutzerbedürfnisse erfüllt.

Definition des UI-Designs: Die visuelle Ästhetik

Das Design der Benutzeroberfläche (UI) hingegen konzentriert sich speziell auf die visuellen Aspekte eines Produkts. Beim UI-Design geht es um die Gestaltung einer Benutzeroberfläche, die optisch ansprechend, kohärent und im Einklang mit der Markenidentität ist. UI-Designer sind für das Erscheinungsbild eines Produkts verantwortlich – die Farbschemata, Typografie, Symbole, Bilder und das Gesamtlayout. Ihr Ziel ist es, eine Oberfläche zu schaffen, die nicht nur gut aussieht, sondern den Benutzer auch intuitiv durch das Produkt führt.

UI-Design erfordert ein Verständnis von Designprinzipien wie Farbtheorie, Typografie und Layoutdesign. UI-Designer müssen auch die Barrierefreiheit berücksichtigen und sicherstellen, dass die visuellen Elemente von einem breiten Spektrum von Benutzern verstanden und verwendet werden können.

Während UX-Design die Grundlage für die Funktionalität des Produkts bildet, erweckt UI-Design es durch Ästhetik zum Leben. UI-Designer denken darüber nach, wie visuelle Elemente dafür sorgen können, dass sich das Produkt intuitiv, einprägsam und benutzerfreundlich anfühlt.

Schlüsselelemente des UI-Designs

- **Visuelle Hierarchie:** Inhalte visuell organisieren, um die Aufmerksamkeit des Benutzers zu lenken.
- **Farbtheorie:** Verwenden Sie Farbschemata, die zur Marke passen und die richtige Stimmung erzeugen.
- **Typografie:** Wählen Sie Schriftarten, die lesbar sind und zum Farbton des Produkts passen.
- **Schaltflächendesign und Symbole:** Entwerfen interaktiver Elemente, die leicht zu erkennen und zu verwenden sind.
- **Layout und Abstände:** Erstellen Sie eine klare

und ansprechende Anordnung der Elemente auf jedem Bildschirm.

Beim UI-Design geht es um das *Was*– was der Benutzer auf jeder Seite sieht und mit ihm interagiert. UI-Designer arbeiten daran, sicherzustellen, dass jedes visuelle Detail zu einem nahtlosen und angenehmen Erlebnis beiträgt.

Die Beziehung zwischen UX- und UI-Design

Die effektivsten Produkte entstehen aus einer engen Zusammenarbeit zwischen UX- und UI-Design. Während UX die Grundlage und Struktur eines Produkts festlegt, erweckt UI diese Struktur auf eine Weise zum Leben, die optisch ansprechend und einfach zu navigieren ist. Stellen Sie sich UX als den Entwurf eines Gebäudes vor und UI als die Farbe, die Möbel und das Dekor, die es einladend machen.

So ergänzen sich die beiden Bereiche:

- **UX liefert die Struktur; UI bietet den Reiz.** UX-Design bildet die Reise des Benutzers ab und definiert, wie Benutzer mit dem Produkt interagieren. Das UI-Design nimmt diese Reise dann auf sich und gestaltet sie visuell ansprechend.
- **UX löst Probleme; Die Benutzeroberfläche verbessert das Erlebnis.** UX-Design konzentriert sich darauf, ein Produkt funktionsfähig zu machen und Benutzerprobleme zu lösen. Das UI-Design stellt sicher, dass diese Funktionalität auf optisch ansprechende Weise bereitgestellt wird.
- **UX und UI arbeiten zusammen, um Vertrauen aufzubauen.** Benutzer sind eher zufrieden, wenn ein Produkt sowohl gut funktioniert als auch gut aussieht. Durch die Abstimmung von Benutzerfreundlichkeit und Ästhetik schaffen UX und UI gemeinsam ein konsistentes, angenehmes Erlebnis, das das Vertrauen der Benutzer stärkt.

Während UX ohne UI in Form von Low-Fidelity-Wireframes

oder Prototypen existieren kann, würde es UI ohne UX an Zweck und Struktur mangeln, was wahrscheinlich zu einer verwirrenden und unbefriedigenden Benutzererfahrung führen würde.

Beispiele für UX und UI in Aktion

Schauen wir uns ein einfaches Beispiel an – eine App für die Lieferung von Lebensmitteln. Die Rolle des UX-Designers würde darin bestehen, die Benutzerreise abzubilden: vom Öffnen der App über die Suche nach Restaurants bis hin zur Bestellung und Zahlung. Sie würden sich darauf konzentrieren, sicherzustellen, dass dieser Prozess intuitiv ist, und alle Hindernisse beseitigen, die Benutzer frustrieren könnten.

Der UI-Designer würde unterdessen entscheiden, wie jeder dieser Schritte aussieht. Sie würden das Farbschema auswählen, die Knöpfe entwerfen und sicherstellen, dass das visuelle Design einladend ist und mit der Identität der Marke übereinstimmt. Sie können Symbole hinzufügen, um verschiedene Lebensmittelkategorien darzustellen, und die Schaltfläche „Jetzt bestellen" farblich hervorheben, um sie optisch hervorzuheben und leicht zu finden.

Zusammen schaffen UX- und UI-Design ein nahtloses Erlebnis: Der Benutzer kann Essen leicht finden und bestellen (dank UX) und fühlt sich dabei wohl (dank UI).

Hauptunterschiede zwischen UX- und UI-Design

1. **Fokus:**
   - **UX:** Besorgt um das Gesamterlebnis und die Funktionalität.
   - **Benutzeroberfläche:** Beschäftigt sich mit den visuellen und interaktiven Aspekten des Produkts.
2. **Verfahren:**
   - **UX:** Beinhaltet Benutzerforschung, Journey Mapping, Prototyping und Tests.

- **Benutzeroberfläche:** Beinhaltet visuelles Design, Farb- und Typografieauswahl sowie die Erstellung interaktiver Elemente.

3. **Ziel:**

- **UX:** Um Probleme zu lösen und sicherzustellen, dass das Produkt einfach zu verwenden ist.
- **Benutzeroberfläche:** Um das Produkt optisch ansprechend und im Einklang mit der Marke zu gestalten.

4. **Verwendete Werkzeuge:**

- **UX-Designer** könnte Tools wie Wireframing-Software (Sketch, Figma), Journey-Mapping-Tools und Usability-Testplattformen verwenden.
- **UI-Designer** verwenden häufig Grafikdesign-Tools (Adobe XD, Photoshop), Symbolbibliotheken und Farbpalettengeneratoren.

5. **Erfolgsmetriken:**

- **UX-Erfolg:** Gemessen an Benutzerzufriedenheit, Aufgabenerledigungsraten und allgemeiner Benutzerfreundlichkeit.
- **UI-Erfolg:** Gemessen an visueller Attraktivität, Benutzerinteraktion und Übereinstimmung mit der Markenidentität.

Warum es für einen Anfänger wichtig ist, beides zu verstehen
Während UX und UI unterschiedliche Rollen spielen, ist es für jeden, der im Design arbeiten möchte, wichtig, beide zu verstehen. Durch die Kenntnis beider Disziplinen können Designer fundiertere Entscheidungen treffen, unabhängig davon, ob sie ausschließlich mit UX, UI oder beiden arbeiten. Wenn Sie wissen, wie sie miteinander in Zusammenhang stehen, stellen Sie sicher, dass der Designprozess von Anfang bis Ende kohärent, effektiv und benutzerzentriert ist.

Für Anfänger bietet der Fokus auf UX-Design eine solide Grundlage für Problemlösung und Benutzerforschung. Sobald

Sie mit UX vertraut sind, wird die Erforschung des UI-Designs Ihre Fähigkeiten erweitern und Sie zu einem vielseitigen Designer machen, der sowohl die Funktion als auch die Form digitaler Produkte versteht.

UX- und UI-Design sind zwei Seiten derselben Medaille, die zusammenarbeiten, um Produkte zu schaffen, die nicht nur funktional, sondern auch unterhaltsam sind. Obwohl sie jeweils einzigartige Rollen und Prozesse haben, haben sie das gemeinsame Ziel, die Benutzererfahrung zu verbessern. Für jeden Anfänger, der in den Designbereich einsteigt, wird das Verständnis dieser Unterschiede dabei helfen, seinen Weg zu klären und in die Lage zu versetzen, effektivere und ansprechendere digitale Produkte zu liefern.

Denken Sie beim weiteren Lernen daran, dass UX zwar den Grundstein legt, die Benutzeroberfläche jedoch den Feinschliff verleiht. Gemeinsam verwandeln sie Ideen in Produkte, zu denen Benutzer immer wieder zurückkehren möchten. Nachdem wir uns nun mit den Grundlagen befasst haben, tauchen wir tiefer in den Design-Thinking-Prozess ein – ein leistungsstarkes Framework, das Sie auf Ihrem UX-Weg von der Empathie zur Lösung begleitet.

KAPITEL 3

Aufbau der richtigen Denkweise für eine UX-Karriere

Beim Einstieg in eine UX-Design-Karriere geht es nicht nur darum, technische Fähigkeiten zu beherrschen oder die User Journey zu verstehen; es geht darum, eine Denkweise zu entwickeln, die Neugier, Empathie, Belastbarkeit und Anpassungsfähigkeit umfasst. Diese Eigenschaften zeichnen erfolgreiche UX-Designer aus und ermöglichen es ihnen, in einem sich ständig weiterentwickelnden Bereich erfolgreich zu sein. In diesem Kapitel untersuchen wir die Einstellungen, Werte und Perspektiven, die die Grundlage einer lohnenden UX-Karriere bilden, sowie einige praktische Schritte, die Sie unternehmen können, um diese Denkweise zu fördern.

1. Empathie annehmen: Das Herzstück des UX-Designs
Im Kern geht es beim UX-Design darum, die Probleme der Benutzer zu verstehen und zu lösen. Es erfordert einen einfühlsamen Ansatz, das heißt, Sie müssen sich in die Lage der Benutzer versetzen und ihre Bedürfnisse, Schwachstellen und Wünsche berücksichtigen. Empathie im UX-Design ist nicht nur eine Fähigkeit; es ist eine Denkweise, die jede Phase des Designprozesses bestimmt.

Um Empathie aufzubauen, konzentrieren Sie sich auf Folgendes:
- **Aktiv zuhören:** Nehmen Sie sich bei Interviews oder Usability-Tests die Zeit, den Benutzern zuzuhören, ohne

Annahmen zu treffen. Lassen Sie Benutzer ihre Bedürfnisse in eigenen Worten ausdrücken.

- **Fordern Sie persönliche Vorurteile heraus:** Bedenken Sie, dass Ihre eigenen Präferenzen von denen Ihrer Benutzer abweichen können. Entwerfen Sie immer mit Blick auf den Benutzer und nicht nur auf der Grundlage Ihrer eigenen Intuition.

- **Suchen Sie nach verschiedenen Perspektiven:** Interagieren Sie mit einer Vielzahl von Benutzern, um einen einheitlichen Ansatz zu vermeiden. Ein auf Inklusion ausgerichtetes Design verbessert das Erlebnis für alle und vertieft Ihr Verständnis für die unterschiedlichen Benutzerbedürfnisse.

Empathie ist für effektives UX-Design unerlässlich, da dadurch der Fokus auf echten Menschen liegt. Diese benutzerzentrierte Denkweise stellt sicher, dass jede Entscheidung mit dem Ziel übereinstimmt, das Benutzererlebnis zu verbessern.

2. Eine Neugier für das Lösen von Problemen entwickeln

UX-Design ist ein Forschungs- und Forschungsfeld. Designer stehen oft vor neuen Herausforderungen, die kreative Problemlösungen und innovatives Denken erfordern. Wenn Sie Ihre Neugier kultivieren, werden Sie sich weiterhin engagieren und sich fragen: „Warum?" Und wie?" Während Sie neue Wege erkunden, um die Benutzererfahrung zu verbessern.

Um eine problemlösende Denkweise zu fördern:

- **Stellen Sie ständig Fragen:** Ob es darum geht, das Verhalten eines Benutzers zu verstehen oder die Wirksamkeit eines Designs zu bewerten, zögern Sie nie, tiefer zu graben.

- **Misserfolge und Erfolge analysieren:** Bewerten Sie vergangene Projekte und analysieren Sie, was gut gelaufen ist und was verbessert werden könnte. Diese Reflexion wird Erkenntnisse für zukünftige Designs liefern.

- **Bleiben Sie auf dem Laufenden:** UX ist ein schnelllebiges Feld mit neuen Trends, Tools und Methoden. Machen Sie das

Lernen zu einem kontinuierlichen Prozess, damit Sie sich an Branchenveränderungen anpassen und neue Perspektiven in Ihre Arbeit einbringen können.

Neugier sorgt dafür, dass Sie immer bereit sind, neue, innovative Lösungen zu finden und Herausforderungen als Chancen für Wachstum und Entdeckungen zu sehen.

3. Resilienz und Anpassungsfähigkeit annehmen

UX-Design ist ein iterativer Prozess. Es wird Zeiten geben, in denen Ideen scheitern, Feedback von entscheidender Bedeutung ist oder Lösungen nicht den Erwartungen der Benutzer entsprechen. Resilienz ermöglicht es Ihnen, diese Herausforderungen als wertvolle Lektionen und nicht als Rückschläge zu betrachten. Ebenso ermöglicht Ihnen die Anpassungsfähigkeit, Ihren Ansatz auf der Grundlage neuer Erkenntnisse auszurichten und zu verfeinern.

Zu den wichtigsten Tipps zum Aufbau von Resilienz und Anpassungsfähigkeit gehören:

- **Willkommenes Feedback:** Feedback ist ein Geschenk, das Ihre Arbeit verbessern kann. Lernen Sie, Ihr Selbstwertgefühl von Kritik zu trennen und sie als Wachstumsinstrument zu nutzen.
- **Experimentieren Sie frei:** Nicht jede Idee wird erfolgreich sein, aber jede einzelne wird Ihnen etwas beibringen. Gehen Sie kalkulierte Risiken ein und betrachten Sie Fehler als Schritte hin zu einer besseren Lösung.
- **Bleiben Sie flexibel:** Seien Sie darauf vorbereitet, Ihre Designs anzupassen oder sogar ganz von vorne zu beginnen. Design ist ein sich weiterentwickelnder Prozess, und Flexibilität ermöglicht es Ihnen, offen für Änderungen zu bleiben, die der Benutzererfahrung zugute kommen.

Mit Belastbarkeit sind Sie besser auf Rückschläge vorbereitet und mit Anpassungsfähigkeit können Sie sich mit jedem Projekt weiterentwickeln und sich kontinuierlich verbessern.

4. Eine Wachstumsmentalität kultivieren

Im UX-Design gibt es immer mehr zu lernen. Eine wachstumsorientierte Denkweise zu pflegen bedeutet zu verstehen, dass Fähigkeiten und Fertigkeiten nicht festgelegt sind; Sie können durch Hingabe und harte Arbeit weiterentwickelt werden. Designer mit einer Wachstumsmentalität sind offen dafür, aus Erfahrungen zu lernen, sind bestrebt, ihre Fähigkeiten zu verbessern und bereit, sich neuen Herausforderungen zu stellen.

So fördern Sie eine Wachstumsmentalität:

- **Lernziele festlegen:** Definieren Sie spezifische Fähigkeiten oder Kenntnisse, die Sie entwickeln möchten. Dies kann von der Beherrschung eines neuen Tools bis hin zur Vertiefung Ihres Verständnisses der Benutzerpsychologie reichen.
- **Feiern Sie kleine Erfolge:** Erkennen Sie Ihren Fortschritt an, auch wenn dieser schrittweise erfolgt. Jede Fähigkeit, die Sie entwickeln, oder jedes Projekt, das Sie abschließen, bringt Sie Ihren langfristigen Zielen näher.
- **Lernen Sie von anderen:** Lassen Sie sich von anderen Designern inspirieren, beteiligen Sie sich an Communities und arbeiten Sie offen zusammen. Der Austausch von Erkenntnissen kann neue Perspektiven eröffnen und Ihr Wissen vertiefen.

Eine wachstumsorientierte Denkweise fördert einen proaktiven Ansatz zur Selbstverbesserung und ermöglicht es Ihnen, Ihre Fähigkeiten kontinuierlich zu verfeinern und die Herausforderungen des UX-Designs anzunehmen.

5. Offen für Zusammenarbeit sein

UX-Design ist selten ein Einzelunternehmen. Die Zusammenarbeit mit Entwicklern, Produktmanagern, Vermarktern und anderen Interessengruppen ist für die Entwicklung zusammenhängender und effektiver Produkte von entscheidender Bedeutung. Der Aufbau starker Kommunikations- und Kollaborationsfähigkeiten ermöglicht es Ihnen, gut in multidisziplinären Teams zu arbeiten und ein Umfeld gemeinsamer Kreativität zu fördern.

So bauen Sie eine kollaborative Denkweise auf:

- **Üben Sie klare Kommunikation:** Seien Sie prägnant und transparent, wenn Sie Ihre Designentscheidungen erläutern. Eine klare Kommunikation hilft dabei, Lücken zwischen den Perspektiven verschiedener Teammitglieder zu schließen.

- **Wertschätzen Sie unterschiedliche Perspektiven:** Jedes Teammitglied bringt einzigartige Fähigkeiten und Erkenntnisse mit. Von anderen zu lernen, wird Ihre Arbeit stärken und zu umfassenderen Lösungen führen.

- **Behalten Sie einen benutzerzentrierten Fokus bei:** Bringen Sie das Gespräch bei Diskussionen mit anderen immer wieder auf die Bedürfnisse des Benutzers zurück. Dieser gemeinsame Fokus hilft dabei, die Bemühungen aller auf das gleiche Ziel auszurichten.

Die Zusammenarbeit bereichert den Designprozess und ermöglicht Ihnen den Zugriff auf eine Fülle von Wissen und Perspektiven, die das Endprodukt verbessern.

6. Fokussierung auf kontinuierliche Verbesserung

Der UX-Bereich entwickelt sich ständig weiter und es entstehen regelmäßig neue Tools, Trends und Best Practices. Um in Ihrer Karriere relevant zu bleiben und herausragende Leistungen zu erbringen, ist es entscheidend, eine Denkweise der kontinuierlichen Verbesserung anzunehmen. Wenn Sie über die Entwicklungen in der Branche auf dem Laufenden bleiben und Ihre Fähigkeiten verfeinern, können Sie qualitativ hochwertige Designs liefern und in einem sich schnell verändernden Umfeld anpassungsfähig bleiben.

Um der kontinuierlichen Verbesserung Priorität einzuräumen:

- **Treten Sie der Design-Community bei:** Treten Sie Foren bei Besuchen Sie Workshops und nehmen Sie an Webinaren teil. Der Austausch mit anderen in diesem Bereich kann Ideen anregen und neue Praktiken aufzeigen.

- **Suchen Sie nach Mentoren und Vorbildern:** Wenn Sie von erfahrenen UX-Designern lernen, können Sie wertvolle Einblicke in die Herausforderungen und Vorteile einer UX-Karriere gewinnen.

- **Reflektieren Sie regelmäßig über Ihre Arbeit:** Nehmen Sie sich nach jedem Projekt Zeit, um zu bewerten, was funktioniert hat und was nicht. Diese Reflexion fördert das Wachstum und hilft Ihnen, Ihren Ansatz für zukünftige Projekte zu verfeinern.

Indem Sie sich auf Verbesserungen konzentrieren, bleiben Sie auf Ihrer UX-Reise motiviert, relevant und inspiriert.

7. Geduld und Demut üben

UX-Design ist eine Reise, die Zeit, Mühe und die Bereitschaft erfordert, aus jeder Erfahrung zu lernen. Wenn Sie Fortschritte machen, werden Ihnen Geduld und Bescheidenheit dabei helfen, die Komplexität des Designs zu meistern und ein Burnout zu vermeiden. Wenn Sie bescheiden genug sind, um aus Fehlern zu lernen und Feedback konstruktiv anzunehmen, bleiben Sie geerdet und offen für Wachstum.

Um Geduld und Demut zu kultivieren:
- **Feiern Sie den Fortschritt, nicht die Perfektion:** Verstehen Sie, dass Design iterativ ist; Verbesserungen treten im Laufe der Zeit auf. Schätzen Sie jeden kleinen Schritt vorwärts.

- **Bleiben Sie in Ihrer Vorgehensweise bescheiden:** UX-Design erfordert ständiges Lernen und Verlernen. Gehen Sie jedes Projekt mit der Denkweise eines Anfängers an, bereit, sich anzupassen und neue Erkenntnisse aufzunehmen.

- **Übe Geduld mit dir selbst:** Der Aufbau von Fachwissen braucht Zeit. Erlauben Sie sich, schrittweise zu wachsen und genießen Sie die Reise der Selbstverbesserung.

Mit Geduld und Bescheidenheit entwickeln Sie eine belastbare Grundlage, die Ihr berufliches Wachstum unterstützt und Sie darauf konzentriert, sinnvolle Erfahrungen für Benutzer zu schaffen.

Bei der Entwicklung der richtigen Einstellung für eine UX-Karriere geht es um Empathie, Neugier, Anpassungsfähigkeit und kontinuierliche Verbesserung. Beim UX-Design geht es sowohl um Ihre Perspektive als auch um Ihre Fähigkeiten. Durch die Förderung einer benutzerzentrierten, kollaborativen und wachstumsorientierten Denkweise sind Sie gut darauf vorbereitet, wirkungsvolle Designs zu erstellen, die das Leben der Menschen verbessern und ihre Interaktionen mit Technologie verbessern.

Egal, ob Sie am Anfang Ihrer Reise stehen oder bereits Erfahrung haben, denken Sie daran, dass eine UX-Karriere ein Weg des kontinuierlichen Lernens ist. Nutzen Sie jedes Projekt, jede Herausforderung und jede Lektion als Chance, sich weiterzuentwickeln, Ihren Ansatz zu verfeinern und einen sinnvollen Einfluss auf die Benutzererfahrung zu nehmen. Mit der richtigen Einstellung sind Sie in der Lage, in einem Bereich erfolgreich zu sein und sich anzupassen, in dem Kreativität, Empathie und Innovation der Schlüssel zum Erfolg sind.

TEIL 2

Der Design Thinking Prozess für UX-Anfänger

KAPITEL 4

Einführung in Design Thinking

Ein benutzerzentrierter Ansatz

Design Thinking ist mehr als nur ein Prozess; es ist eine Denkweise, die sich um Empathie, Kreativität und einen unermüdlichen Fokus auf den Benutzer dreht. Dieser benutzerzentrierte Ansatz ermöglicht es Designern, komplexe Probleme auf innovative Weise zu lösen, indem sie die Menschen verstehen, für die sie entwerfen. Im UX-Design hilft uns Design Thinking, Probleme aus der Perspektive des Benutzers zu formulieren, mit Kreativität Ideen zu entwickeln und Lösungen zu entwickeln, die praktisch und wirkungsvoll sind.

In diesem Kapitel befassen wir uns damit, was Design Thinking ist, warum es im UX-Design wertvoll ist und wie es jede Phase des Designprozesses leitet.

Was ist Design Thinking?

Design Thinking ist ein strukturierter, iterativer Prozess zur kreativen Problemlösung, der den Nutzer in den Mittelpunkt stellt. Design Thinking wurde ursprünglich von IDEO und der Stanford d.school populär gemacht und hat sich branchenübergreifend zu einem festen Bestandteil für die Bewältigung verschiedener Herausforderungen entwickelt, vom Produktdesign bis zur Organisationsstrategie.

Der Kern des Design Thinking besteht aus fünf Phasen:
    1. **Mitfühlen** – Verstehen Sie den Benutzer und seine

Bedürfnisse.

2. **Definieren** – Formulieren Sie klar und deutlich das Problem, das Sie lösen.
3. **Ideen entwickeln** – Generieren Sie eine Reihe kreativer Lösungen.
4. **Prototyp** – Erstellen Sie Darstellungen der Lösungen.
5. **Prüfen** – Bewerten Sie die Prototypen, um sie zu verfeinern und zu verbessern.

Jede dieser Phasen ist flexibel und iterativ; Designer kehren oft zu vorherigen Schritten zurück, wenn sie neue Erkenntnisse sammeln oder andere Ideen testen.

Warum Design Thinking in UX wichtig ist

Design Thinking ist im UX-Design von großer Bedeutung, da es direkt mit dem Ziel übereinstimmt, sinnvolle und effektive Benutzererlebnisse zu schaffen. Deshalb ist es wichtig:

- **Benutzergeneriert:** Indem Design Thinking den Benutzer in den Mittelpunkt stellt, stellt es sicher, dass Lösungen den tatsächlichen Bedürfnissen entsprechen. Dies reduziert Vermutungen und Annahmen und ermöglicht Designern, Entscheidungen auf der Grundlage echter Erkenntnisse zu treffen.

- **Fördert Innovation:** Die strukturierte Kreativität des Design Thinking hilft Designern, über herkömmliche Lösungen hinauszudenken und so zu frischen und innovativen Ideen zu führen.

- **Anpassbar und iterativ:** Der iterative Charakter von Design Thinking bedeutet, dass Designer ihre Lösungen basierend auf dem Feedback der Benutzer kontinuierlich verbessern und verfeinern können, um sicherzustellen, dass das Endprodukt bei den Benutzern wirklich Anklang findet.

- **Reduziert das Risiko:** Durch frühzeitiges Testen und Prototyping von Ideen können Designer potenzielle Mängel oder Lücken erkennen, bevor sie erhebliche Ressourcen investieren, wodurch Zeit gespart und Entwicklungskosten gesenkt werden.

Der Einsatz von Design Thinking in UX ermöglicht es Designern, Lösungen zu entwickeln, die effektiv, funktional und wirkungsvoll sind.

Stufe 1: Einfühlen – Den Benutzer verstehen

Empathie ist die Grundlage des Design Thinking. In dieser Phase besteht das Ziel darin, in die Welt des Benutzers einzutauchen und ein tiefes Verständnis für seine Bedürfnisse, Herausforderungen und Motivationen zu erlangen. Dieser Schritt umfasst häufig:

- **Benutzerinterviews** – Durchführung von Einzelinterviews, um direkt von Benutzern über ihre Erfahrungen, Bedürfnisse und Frustrationen zu hören.
- **Beobachtung** – Das Beobachten von Benutzern bei der Interaktion mit Produkten oder Dienstleistungen in ihrer natürlichen Umgebung bringt oft Erkenntnisse zutage, die durch Interviews allein nicht erfasst werden können.
- **Umfragen und Fragebögen** – Sammeln quantitativer Daten von einem größeren Publikum, um eine breitere Perspektive auf Benutzerbedürfnisse und -trends zu erhalten.

Durch die Priorisierung von Empathie schaffen Designer eine solide Grundlage für Lösungen, die bei den Benutzern auf einer sinnvollen Ebene Anklang finden.

Stufe 2: Definieren – Artikulieren des Problems

Sobald Designer den Benutzer verstehen, besteht der nächste Schritt darin, das Problem klar zu definieren. In dieser Phase werden Erkenntnisse aus der Empathiephase zusammengefasst, um eine prägnante Problemstellung zu erstellen, die auch als „Problemstellung" bezeichnet wird, **Point of View (POV)-Erklärung**.

Eine klar definierte Problemstellung:

- **Konzentriert sich auf Benutzer:** Die Problemstellung sollte sich auf die Erfahrungen, Herausforderungen oder unerfüllten Bedürfnisse des Benutzers konzentrieren.
- **Ist spezifisch und umsetzbar:** Ein klares, spezifisches Problem lässt sich leichter angehen als ein vages. Anstatt beispielsweise zu sagen: „Unsere App hat Probleme mit der Benutzerfreundlichkeit", versuchen Sie es mit „Unsere Benutzer haben Schwierigkeiten, die Einstellungsfunktion in der App zu finden."
- **Inspiriert Ideen:** Eine gute Problemstellung führt natürlich zu Brainstorming und Ideenfindung und motiviert das Team, über kreative Lösungen nachzudenken.

Die Phase „Definieren" stellt sicher, dass das Team ein gemeinsames Verständnis des Problems hat, wodurch die Designbemühungen ausgerichtet und zielgerichtet bleiben.

Stufe 3: Ideate – Lösungen generieren
In der Ideate-Phase wechseln Designer von der Problemdefinition zur Ideengenerierung. In dieser Phase geht es darum, eine breite Palette möglicher Lösungen ohne Urteilsvermögen oder Einschränkungen zu erkunden. Techniken wie Brainstorming, Mind Mapping und Skizzieren werden häufig eingesetzt, um Kreativität anzuregen.

Effektive Ideenfindung:
- **Fördert zunächst Quantität gegenüber Qualität:** Ziel ist es, möglichst viele Ideen zu generieren. Selbst Ideen, die unrealistisch erscheinen, können zu anderen, praktischeren Lösungen führen.
- **Baut auf den Ideen des anderen auf:** Zusammenarbeit und Aufgeschlossenheit sind hier unerlässlich. Indem Teams auf

den Gedanken der anderen aufbauen, kommen sie oft zu unerwarteten und wertvollen Lösungen.

- **Vorstöße, die über das Offensichtliche hinausgehen:** Die ersten Ideen, die einem kommen, sind oft die konventionellsten. Über diese anfänglichen Gedanken hinauszugehen, führt zu innovativen Lösungen.

Die Ideenfindung belebt den Designprozess und ermöglicht es Designern, große Träume zu verwirklichen und über den Tellerrand hinaus zu denken, bevor sie ihre Ideen verfeinern.

Stufe 4: Prototyp – Ideen zum Leben erwecken

Sobald das Team einige vielversprechende Ideen hat, ist es an der Zeit, diese in greifbare Prototypen umzusetzen. Ein Prototyp ist ein frühes Modell oder eine Simulation des Endprodukts und muss nicht perfekt oder originalgetreu sein. Der Zweck des Prototyping besteht darin, Ideen schnell zum Leben zu erwecken, damit sie getestet und bewertet werden können.

Zu den verschiedenen Formen von Prototypen gehören:

- **Low-Fidelity-Prototypen:** Einfache Skizzen, Drahtmodelle oder Papiermodelle, die einen groben Überblick über den Entwurf geben.
- **High-Fidelity-Prototypen:** Detailliertere Modelle, oft erstellt mit Tools wie Figma, Adobe XD oder Sketch, die dem Endprodukt ähnlicher sind.
- **Interaktive Prototypen:** Prototypen, mit denen Benutzer interagieren können, um das reale Erlebnis zu simulieren, sodass Designer Funktionalität und Ablauf testen können.

Mit Prototyping können Designer Lösungen visualisieren, sie auf der Grundlage praktischer Erkenntnisse verfeinern und für echte Benutzertests vorbereiten.

Stufe 5: Test – Bewertung und Verfeinerung des Prototyps

Das Testen ist der letzte Schritt im Design Thinking-Prozess, bei dem Designer ihre Prototypen den Benutzern zur Rückmeldung vorlegen. Der Zweck des Testens besteht darin, die Wirksamkeit des Designs zu bewerten, etwaige Probleme zu identifizieren und auf der Grundlage von Benutzereingaben Verbesserungen vorzunehmen.

Beim Testen sollten Designer:

- **Beobachten Sie Benutzerreaktionen:** Die Art und Weise, wie Benutzer mit dem Prototyp interagieren, kann unerwartete Erkenntnisse offenbaren, die während der Ideenfindungs- oder Prototyping-Phase nicht offensichtlich waren.
- **Stellen Sie gezielte Fragen:** Ermutigen Sie Benutzer, laut nachzudenken, während sie mit dem Design interagieren, und geben Sie so wertvolles Feedback zu ihren Erfahrungen.
- **Basierend auf dem Feedback iterieren:** Testen ist kein einmaliger Prozess. Nachdem sie Feedback gesammelt haben, kehren Designer oft zu früheren Phasen zurück – sie definieren das Problem neu, entwickeln Ideen für neue Lösungen oder überarbeiten den Prototyp.

Tests ermöglichen eine kritische Validierung des Designs und stellen sicher, dass es den Benutzeranforderungen entspricht, bevor mit der Entwicklung fortgefahren wird.

Die iterative Natur des Design Thinking

Ein wesentlicher Aspekt von Design Thinking ist, dass es nicht linear und iterativ ist. Wenn sich neue Erkenntnisse ergeben, greifen Designer oft auf frühere Phasen zurück, sei es durch die Rückkehr zur Benutzerforschung, die Neudefinition des Problems oder die Suche nach alternativen Lösungen. Diese Flexibilität macht Design Thinking so effektiv – sie entwickelt sich parallel zum Projekt weiter und stellt sicher, dass das Endprodukt den tatsächlichen Benutzerbedürfnissen entspricht.

Design Thinking befähigt Designer, Lösungen zu schaffen, die nicht nur funktional, sondern auch sinnvoll und benutzerorientiert sind. Wenn Sie diesem benutzerzentrierten Ansatz folgen, entwickeln Sie Produkte, die nicht nur praktische Anforderungen erfüllen, sondern auch bei den Benutzern großen Anklang finden.

Denken Sie bei der Anwendung von Design Thinking auf Ihre UX-Projekte daran, dass es nicht darum geht, einer strengen Formel zu folgen, sondern eine Denkweise aus Empathie, Kreativität und Iteration anzunehmen. Jede Phase, von der Empathie bis zum Testen, bringt Sie einer Lösung näher, die das Benutzererlebnis bereichert und einen Mehrwert für Benutzer und Stakeholder schafft.

KAPITEL 5

Grundlagen der Benutzerforschung

Techniken zum Verstehen von Benutzern

Benutzerforschung ist die Grundlage des UX-Designs und ermöglicht es Designern, fundierte Entscheidungen zu treffen, die bei echten Benutzern Anklang finden, anstatt sich auf Annahmen oder Vermutungen zu verlassen. Eine effektive Benutzerforschung hilft Ihnen, Benutzerbedürfnisse, Schwachstellen und Verhaltensweisen aufzudecken und so die Entwicklung intuitiver und wirkungsvoller Produkte voranzutreiben. In diesem Kapitel werden grundlegende Benutzerforschungstechniken vorgestellt – Interviews, Umfragen und Personas – und erläutert, wie sie zu einem benutzerzentrierten Designprozess beitragen.

Warum Benutzerforschung wichtig ist

Benutzerforschung stellt sicher, dass Ihre Designentscheidungen mit den Personen übereinstimmen, die das Produkt verwenden werden. Es verhindert die Risiken, die mit dem isolierten Entwerfen einhergehen, bei dem persönliche Vorurteile oder Annahmen zu falsch ausgerichteten Lösungen führen können. Wenn Sie Ihre Benutzer gut verstehen, sind Sie besser in der Lage, Erlebnisse zu schaffen, die sich natürlich anfühlen, auf echte Bedürfnisse eingehen und einen Mehrwert für ihr Leben schaffen.

Benutzerforschung beantwortet kritische Fragen wie:

- Wer sind unsere Nutzer?
- Was sind ihre Bedürfnisse, Motivationen und Herausforderungen?
- Wie interagieren sie mit ähnlichen Produkten oder Dienstleistungen?
- Welche Faktoren beeinflussen ihre Entscheidungen?

Mit klaren Erkenntnissen können UX-Designer evidenzbasierte Entscheidungen treffen und so die Benutzerfreundlichkeit, Funktionalität und Zufriedenheit verbessern.

Kerntechniken der Benutzerforschung
Schauen wir uns drei Kerntechniken zum Verständnis von Benutzern an: Interviews, Umfragen und Personas. Jede dieser Methoden liefert einzigartige Erkenntnisse und kann an die Ziele Ihres Projekts angepasst werden.

1. Interviews: Tauchen Sie tief in die Benutzererfahrungen ein
Benutzerinterviews sind eine qualitative Forschungstechnik, bei der Sie direkt mit Benutzern sprechen, um detaillierte Einblicke in ihre Gedanken, Verhaltensweisen und Bedürfnisse zu erhalten. Durch Einzelgespräche helfen Ihnen Interviews dabei, das „Warum" hinter Benutzeraktionen aufzudecken und ein besseres Verständnis ihrer Motivationen und Schwachstellen zu vermitteln.

Hauptvorteile von Vorstellungsgesprächen:
- **Detailliertes Feedback:** Interviews liefern differenzierte, detaillierte Antworten, die die zugrunde liegenden Motivationen und Emotionen offenlegen können.

- **Schmerzpunkte aufdecken:** Benutzer teilen häufig spezifische Herausforderungen oder Frustrationen, die in anderen Forschungsmethoden möglicherweise nicht zum Vorschein kommen.

- **Flexibilität:** Sie können Folgefragen stellen, um die Antworten zu verdeutlichen oder interessante Themen zu erkunden, die auftauchen.

Durchführung effektiver Benutzerinterviews:
Um wertvolle Benutzerinterviews durchzuführen, identifizieren
Sie zunächst Ihre Ziele – welche spezifischen Erkenntnisse
müssen Sie sammeln? Erstellen Sie dann eine Liste mit
offenen Fragen, die Benutzer dazu ermutigen, ihre Erfahrungen,
Gedanken und Gefühle mitzuteilen. Hier sind einige Best
Practices:

- **Rapport aufbauen:** Beginnen Sie mit leichten Fragen, damit
  sich die Benutzer wohlfühlen.
- **Stellen Sie offene Fragen:** Verwenden Sie Fragen,
  die mit „Wie" oder „Warum" beginnen, um Benutzer zur
  Erläuterung zu ermutigen.
- **Vermeiden Sie Leitfragen:** Halten Sie Fragen neutral,
  um eine Beeinflussung der Antworten der Benutzer zu
  vermeiden.
- **Aktiv zuhören:** Erlauben Sie den Benutzern,
  freizusprechen, und vermeiden Sie es, sie zu unterbrechen.

Beispielfragen für Benutzerinterviews:

- „Können Sie mir erklären, wie Sie [Produkt] derzeit
  verwenden?"
- „Vor welchen Herausforderungen stehen Sie bei der
  Verwendung von [Funktion]?"
- „Gibt es etwas, von dem Sie sich wünschen, dass Sie es an
  Ihrer Erfahrung ändern könnten?"

2. Umfragen: Quantitative Daten im großen Maßstab sammeln
Umfragen sind eine quantitative Forschungsmethode, mit der
Antworten von einem großen Publikum gesammelt werden.
Sie eignen sich ideal zur Validierung von Trends oder zur
Gewinnung umfassender Einblicke in Benutzerpräferenzen,
Verhaltensweisen oder Demografie. Während Umfragen nicht
über die Tiefe von Interviews verfügen, sind sie effizient, um

schnell Daten von vielen Benutzern zu sammeln.

Hauptvorteile von Umfragen:

- **Skalierbarkeit:** Mit Umfragen können viele Menschen gleichzeitig erreicht werden, sodass sie nützlich sind, um Trends bei einer großen Nutzerbasis zu ermitteln.
- **Kosteneffizienz:** Im Vergleich zu Interviews sind Umfragen in der Regel schneller und weniger ressourcenintensiv.
- **Quantitative Erkenntnisse:** Umfragen liefern Daten, die statistisch analysiert werden können, um Muster zu erkennen und die Entscheidungsfindung zu unterstützen.

Effektive Umfragen erstellen:
Um eine effektive Umfrage zu entwerfen, konzentrieren Sie sich auf Klarheit, Kürze und Relevanz. Stellen Sie nur Fragen, die Ihren Forschungszielen dienen, und halten Sie Ihre Sprache klar und unkompliziert. Hier ein paar Tipps:

- **Verwenden Sie eine einfache Sprache:** Vermeiden Sie Fachjargon oder komplexe Begriffe, die die Befragten verwirren könnten.
- **Balance-Fragetypen:** Nutzen Sie eine Mischung aus Multiple-Choice-Fragen, Bewertungsskalen und offenen Fragen, um vielfältige Erkenntnisse zu gewinnen.
- **Vermeiden Sie Umfrageermüdung:** Halten Sie Umfragen prägnant. Versuchen Sie, 10–15 Fragen zu stellen, um das Engagement aufrechtzuerhalten.
- **Pilotieren Sie Ihre Umfrage:** Testen Sie die Umfrage mit einer kleinen Gruppe, um verwirrende oder mehrdeutige Fragen zu erkennen.

Beispielfragen für Umfragen:

- „Wie oft nutzen Sie [Funktion] in der App?"
- „Wie zufrieden sind Sie auf einer Skala von 1 bis 10 mit

[Produkt]?"
- „Was ist der Hauptgrund, warum Sie [den Dienst] nutzen?"

3. Personas: Erstellen von Benutzerprofilen als Leitfaden für das Design

Personas sind fiktive, aber datenbasierte Darstellungen von Zielbenutzern. Basierend auf Benutzerforschung helfen Personas Designern, die Bedürfnisse, Motivationen und Verhaltensweisen verschiedener Benutzersegmente zu verstehen und sicherzustellen, dass Designentscheidungen bei der beabsichtigten Zielgruppe Anklang finden. Personas schaffen ein gemeinsames Verständnis darüber, wer Ihre Benutzer sind, und erleichtern so die Erstellung benutzerzentrierter Erlebnisse.

Hauptvorteile von Personas:

- **Empathieaufbau:** Personas vermenschlichen Daten und ermöglichen es Designern, sich in die Benutzer hineinzuversetzen, anstatt sie als abstrakte Zahlen oder Statistiken zu betrachten.
- **Fokus und Ausrichtung:** Personas helfen Teams dabei, sich auf die Bedürfnisse der Benutzer zu konzentrieren, Designentscheidungen zu treffen und Feature Creep zu verhindern.
- **Kommunikationstool:** Personas vermitteln Benutzereinblicke im gesamten Team und stellen so sicher, dass alle ein gemeinsames Verständnis davon haben, für wen sie entwerfen.

Effektive Personas erstellen:

Eine Persona wird anhand von Erkenntnissen aus Interviews, Umfragen und anderen Untersuchungen erstellt. Jede Persona umfasst typischerweise demografische Details, Verhaltensweisen, Ziele, Schwachstellen und eine kurze Biografie. Hier ist eine Aufschlüsselung dessen, was eine nützliche Persona beinhalten könnte:

1. **Name und Hintergrund:** Geben Sie Ihrer Persona einen realistischen Namen und grundlegende Hintergrundinformationen (Alter, Beruf, Ausbildung).
2. **Demografische Daten:** Geben Sie Details wie Alter, Geschlecht, Standort, Einkommen und Familienstand an.
3. **Ziele und Motivationen:** Beschreiben Sie, was das Verhalten dieses Benutzers antreibt, z. B. Bequemlichkeit, Kosteneinsparungen oder persönliches Wachstum.
4. **Frustrationen und Schmerzpunkte:** Listen Sie die Herausforderungen oder Hindernisse auf, mit denen dieser Benutzer konfrontiert ist und die das Produkt bewältigen kann.
5. **Verhaltenseinblicke:** Beschreiben Sie die Gewohnheiten, Vorlieben und Interaktionsmuster des Benutzers mit ähnlichen Produkten.

Beispielperson:

Name: Sarah Thompson
Alter: 34
Beruf: Freiberuflicher Grafikdesigner
Standort: New York City
Ziele: Sarah möchte ein Designtool, das sich gut in ihre aktuelle Software integrieren lässt und dabei hilft, ihren Arbeitsablauf zu optimieren.
Schmerzpunkte: Sie findet es frustrierend, wenn neue Tools eine lange Lernkurve erfordern. Sie schätzt auch die Flexibilität ihrer Tools, da sie oft mehrere Projekte jongliert.
Verhaltenseinblicke: Sarah arbeitet hauptsächlich von ihrem Heimbüro aus, legt Wert auf Bequemlichkeit und sucht nach Tools, die ihren Remote- und freiberuflichen Lebensstil unterstützen können.

Indem sie sich auf Sarahs Persönlichkeit beziehen, können

sich Designer darauf konzentrieren, auf ihre spezifischen Bedürfnisse einzugehen, was es einfacher macht, Funktionen und Erlebnisse zu schaffen, die bei Benutzern wie ihr wirklich Anklang finden.

Diese Techniken gemeinsam nutzen
Jede Forschungsmethode liefert unterschiedliche Arten von Erkenntnissen, die in verschiedenen Phasen des Designprozesses wertvoll sind:

- **Interviews** Bieten Sie tiefe, qualitative Einblicke, die Ihnen helfen, das „Warum" hinter dem Benutzerverhalten zu verstehen.
- **Umfragen** Stellen Sie quantitative Daten bereit, die es Ihnen ermöglichen, Trends zu erkennen und Annahmen für ein breiteres Publikum zu validieren.
- **Menschen** Fassen Sie Forschungsergebnisse in zuordenbare Profile zusammen, um Designentscheidungen zu leiten und das Team benutzerzentriert zu halten.

Zusammengenommen ermöglichen Ihnen diese Techniken ein umfassendes Verständnis Ihrer Benutzer und verbinden Tiefe mit Breite. Durch die Nutzung von Interviews, Umfragen und Personas sind Sie bestens gerüstet, um benutzerzentrierte Designentscheidungen zu treffen, die die Benutzerfreundlichkeit, Funktionalität und Zufriedenheit verbessern.

Benutzerforschung ist das Herzstück eines effektiven UX-Designs. Die durch Interviews, Umfragen und Personas gesammelten Erkenntnisse ermöglichen es Designern, Lösungen zu entwickeln, die bei den Benutzern Anklang finden, die Benutzerfreundlichkeit verbessern und ein sinnvolles Engagement fördern. Durch die konsequente Anwendung dieser Techniken entwickeln Sie ein klareres Verständnis für Ihr Publikum und sind besser darauf vorbereitet, Erlebnisse zu gestalten, die ihren Bedürfnissen wirklich entsprechen. Denken

Sie daran, dass Benutzerforschung ein fortlaufender Prozess ist, der nicht mit der Fertigstellung des Designs endet. Kontinuierliches Lernen und Anpassung sind unerlässlich, da sich die Benutzerbedürfnisse weiterentwickeln und ändern.

KAPITEL 6

Schritt 1 – Sich in den Benutzer hineinversetzen

Bedürfnisse und Schmerzpunkte verstehen
Empathie ist die Grundlage für benutzerzentriertes Design. Es ist der Prozess, die Welt aus der Perspektive des Benutzers zu sehen, seine Bedürfnisse zu verstehen und seine Herausforderungen zu erkennen. Im ersten Schritt des Design-Thinking-Prozesses „Empathize" tauchen Designer in die Welt des Benutzers ein, um ein tieferes Verständnis seiner Erfahrungen zu entwickeln. Dieser empathieorientierte Ansatz stellt sicher, dass die von uns entwickelten Lösungen wirklich auf die Schwachstellen der Benutzer eingehen und ihre Bedürfnisse erfüllen.

Warum Empathie im UX-Design unerlässlich ist
Empathie ermöglicht es Designern, über Annahmen hinauszugehen und sich mit den tatsächlichen Motivationen und Frustrationen der Benutzer auseinanderzusetzen. Indem Designer die Benutzer wirklich verstehen, können sie fundierte Entscheidungen treffen, die mit den Zielen der Benutzer übereinstimmen, und so Produkte schaffen, die nicht nur funktional, sondern auch sinnvoll und wirkungsvoll sind.

Zu den Hauptgründen, warum Empathie im UX-Design von entscheidender Bedeutung ist, gehören:

1. **Relevanz schaffen**: Wenn wir uns einfühlen, entwerfen

wir unter Berücksichtigung der wahren Bedürfnisse und Werte eines Benutzers und stellen so sicher, dass Lösungen relevant und wertvoll sind.

2. **Verborgene Schmerzpunkte aufdecken**: Empathie enthüllt Erkenntnisse, die oft übersehen werden, und identifiziert Probleme, die bei einer oberflächlichen Analyse möglicherweise nicht auftauchen.

3. **Vertrauen und Verbindung aufbauen**: Einfühlsames Design führt zu Erlebnissen, die beim Benutzer emotional ankommen und Vertrauen und Loyalität fördern.

4. **Innovation fördern**: Das Verständnis der Benutzerherausforderungen kann zu einzigartigen Lösungen führen, die auf kreative und unerwartete Weise auf Bedürfnisse eingehen.

Empathietechniken für UX-Designer

Um Empathie bei Benutzern aufzubauen, können Designer verschiedene Forschungstechniken nutzen. Hier sind drei Kernmethoden, die es Designern ermöglichen, in die Rolle des Benutzers zu schlüpfen und aussagekräftige Erkenntnisse zu gewinnen: **Benutzerinterviews**, **Beschattung**, Und **User-Journey-Mapping**.

1. Benutzerinterviews: Hören Sie sich die Geschichten der Benutzer an

Benutzerinterviews sind eine der wirkungsvollsten Möglichkeiten, Empathie zu entwickeln. Indem Designer direkt mit Benutzern sprechen, können sie deren Gedanken, Motivationen und Erfahrungen erkunden. Interviews liefern detaillierte Informationen, die dabei helfen, das zugrunde liegende „Warum" des Benutzerverhaltens aufzudecken.

Best Practices für die Durchführung empathischer Benutzerinterviews:

- **Beginnen Sie mit offenen Fragen**: Ermutigen Sie Benutzer, ihre Erfahrungen zu teilen, indem Sie Fragen stellen, die mehr als eine „Ja"- oder „Nein"-Antwort erfordern. Zum Beispiel: „Können Sie eine kürzliche Erfahrung mit [Produkt] beschreiben?"

- **Hören Sie aktiv zu**: Ermöglichen Sie Benutzern, ohne Unterbrechungen frei zu sprechen. Nicken Sie, stellen Sie weitere Fragen und zeigen Sie echtes Interesse an den Antworten.

- **Beobachten Sie nonverbale Hinweise**: Achten Sie auf Körpersprache, Tonfall und Mimik. Diese subtilen Hinweise können zusätzliche Einblicke in die Gefühle des Benutzers liefern.

- **Du tiefer**: Geben Sie sich nicht mit oberflächlichen Antworten zufrieden. Wenn ein Benutzer eine Frustration erwähnt, bitten Sie ihn, dies näher zu erläutern oder konkrete Beispiele zu nennen.

Durch Benutzerinterviews können Designer aus erster Hand erfahren, was Benutzer wirklich über ein Produkt denken und fühlen, was sie frustriert und welche Funktionen sie gerne hätten.

2. Shadowing: Beobachten von Benutzern in ihrer natürlichen Umgebung

Unter Shadowing versteht man die Praxis, Benutzer zu beobachten, wie sie mit einem Produkt interagieren oder eine relevante Aufgabe in ihrer natürlichen Umgebung ausführen. Diese Technik hilft Designern, das reale Benutzerverhalten zu beobachten und Schwachstellen, Problemumgehungen und Präferenzen aufzudecken, die in Interviews möglicherweise nicht zum Vorschein kommen.

Schritte für eine effektive Beschattung:

- **Ziele klären**: Bestimmen Sie, was Sie aus der Hospitationssitzung lernen möchten. Beobachten Sie beispielsweise, wie Benutzer mit einer bestimmten App-

Funktion interagieren, oder möchten Sie die gesamte Benutzerreise verstehen?

- **Einmischen**: Versuchen Sie, so unauffällig wie möglich zu sein, um das Benutzerverhalten nicht zu beeinflussen. Beobachten Sie das Produkt nach Möglichkeit aus einiger Entfernung, damit sich die Benutzer auf natürliche Weise mit dem Produkt auseinandersetzen können.
- **Machen Sie sich Notizen**: Notieren Sie Ihre Beobachtungen sorgfältig und notieren Sie jeden Schritt des Benutzers sowie alle Hindernisse oder Frustrationen, auf die er stößt.
- **Stellen Sie Folgefragen**: Bitten Sie die Benutzer nach der Beobachtungssitzung, bestimmte Aktionen oder Problemumgehungen zu erklären, die Sie beobachtet haben. Dies kann klären, warum sich Benutzer so verhalten, wie sie es tun.

Shadowing ermöglicht es Designern, die praktischen Aspekte der Benutzerinteraktion zu verstehen und Bereiche mit Verbesserungspotenzial zu identifizieren, die in kontrollierten Umgebungen möglicherweise nicht offensichtlich sind.

3. User Journey Mapping: Visualisierung der Benutzererfahrung

Eine User Journey Map ist eine visuelle Darstellung der Erfahrung des Benutzers mit einem Produkt oder einer Dienstleistung von Anfang bis Ende. Indem sie jeden Schritt der Reise abbilden, können Designer bestimmte Momente lokalisieren, in denen Benutzer Herausforderungen, Verwirrung oder Freude erleben.

So erstellen Sie eine effektive User Journey Map:

1. **Definieren Sie das Ziel des Benutzers**: Beginnen Sie damit, herauszufinden, was der Benutzer erreichen möchte. Möchten sie eine Aufgabe erledigen, Informationen finden oder einen Kauf tätigen?
2. **Skizzieren Sie jeden Berührungspunkt**: Brechen Sie jeden Schritt der Benutzerreise auf, von der ersten

Interaktion bis zur Zielerreichung. Beziehen Sie alle möglichen Berührungspunkte mit ein, z. B. Anmelden, Navigieren in Funktionen oder Erhalten von Support.

3. **Identifizieren Sie Schmerzpunkte und Emotionen**: Notieren Sie sich bei jedem Schritt alle Herausforderungen, denen der Benutzer möglicherweise gegenübersteht, und wie er sich in diesen Momenten fühlt. Frustration, Verwirrung oder Zufriedenheit sollten deutlich erkennbar sein.

4. **Suchen Sie nach Möglichkeiten**: Verwenden Sie die Reisekarte, um Bereiche zu finden, in denen das Erlebnis verbessert werden kann. Suchen Sie nach Momenten, in denen Benutzer auf Hindernisse stoßen, Verzögerungen erleben oder ganz abbrechen.

Durch das User Journey Mapping erhalten Teams einen Überblick über die Benutzererfahrung aus der Vogelperspektive und können sich so auf die Schritte konzentrieren, die den größten Einfluss auf Zufriedenheit und Erfolg haben.

Aufbau empathiebasierter Erkenntnisse

Sobald die Empathieforschung abgeschlossen ist, ist es wichtig, die Ergebnisse zu analysieren und zusammenzufassen. Dieser Prozess wandelt rohe Erkenntnisse in umsetzbare Informationen um, die den Designprozess beeinflussen können.

Methoden, um Empathieforschung in Designerkenntnisse umzuwandeln:

- **Affinitätszuordnung**: Organisieren Sie Einblicke in Kategorien oder Themen, um Muster und wichtige Erkenntnisse zu erkennen.

- **Problemstellungen**: Erstellen Sie klare Aussagen, die die größten Herausforderungen des Benutzers beschreiben und sich dabei auf bestimmte Schwachstellen und Bedürfnisse konzentrieren.

- **Benutzerbedürfnisse und Ziele**: Listen Sie die Kernbedürfnisse auf, die sich aus der Forschung ergeben haben, zusammen mit etwaigen spezifischen Zielen, die die Benutzer geäußert haben.

- **Personas und Empathiekarten**: Verwenden Sie Personas und Empathiekarten, um Ihre Erkenntnisse zu humanisieren und die Benutzerbedürfnisse während des Designprozesses im Vordergrund zu halten.

Indem Sie Erkenntnisse klar dokumentieren, stellen Sie sicher, dass sie für das gesamte Designteam zugänglich und nützlich sind, und helfen so, dass jeder während des gesamten Projekts eine benutzerzentrierte Perspektive behält.

Beispiele für Empathie in Aktion

1. **Airbnb**: Schon früh verbrachten die Gründer von Airbnb Zeit mit Gastgebern, um deren Anliegen und Bedürfnisse zu verstehen. Sie stellten fest, dass Gastgeber sich Sorgen um Vertrauen und Sicherheit machten, wenn sie Fremde in ihre Häuser einluden. Diese auf Empathie basierende Erkenntnis führte zu Funktionen wie verifizierten Profilen, Benutzerbewertungen und den Supportdiensten von Airbnb.

2. **Spotify**: Spotify nutzt Empathieforschung, um die Stimmungen, Vorlieben und Tagesabläufe der Hörer zu verstehen. Dieser Ansatz führte zu beliebten Funktionen wie personalisierten Wiedergabelisten und stimmungsbasierten Browsing-Optionen, die es Benutzern leicht machen, Musik zu finden, die zu ihrem Leben passt.

Abschließende Gedanken zur Empathie im UX-Design

Empathie ist eine Fähigkeit, die mit Übung und Hingabe wächst. Indem Sie sich kontinuierlich in die Lage des Benutzers versetzen, vertiefen Sie Ihr Verständnis seiner Welt, seiner Herausforderungen und Bedürfnisse. Empathie macht Ihre Designs aussagekräftiger und hilft Ihnen, Produkte zu schaffen, die Benutzer wirklich schätzen.

Dieser erste Schritt im Design-Thinking-Prozess ist keine einmalige Aufgabe; Es ist ein Ansatz für jede Phase des Designs. Interagieren Sie weiterhin mit Benutzern, verfeinern Sie Ihr Verständnis und nutzen Sie Erkenntnisse, um Entscheidungen zu treffen. Empathie macht Sie nicht nur zu einem besseren Designer, sondern stellt auch sicher, dass Ihre Arbeit wirklich einen Einfluss auf die Menschen hat, denen sie dienen soll.

KAPITEL 7

Schritt 2 – Definieren Sie das Problem

Möglichkeiten für Design identifizieren

Nachdem wir Empathie mit den Benutzern aufgebaut und ihre Bedürfnisse und Herausforderungen tiefgreifend verstanden haben, besteht der nächste Schritt im Design-Thinking-Prozess darin, das Problem zu definieren. In dieser Phase nutzen Designer die während der Einfühlungsphase gesammelten Erkenntnisse und übersetzen sie in klare, umsetzbare Problemstellungen. Dies hilft dem Designteam, sich weiterhin auf die Entwicklung von Lösungen zu konzentrieren, die direkt auf die Bedürfnisse der Benutzer eingehen, anstatt Funktionen zu entwerfen, die die Kernprobleme möglicherweise nicht effektiv lösen.

Die Bedeutung der Definition des Problems

Bei der Definition des Problems kommt es auf Klarheit und Präzision an. Ohne ein klar definiertes Problem können Designprojekte leicht aus der Bahn geraten, da sich die Teams auf die Symptome und nicht auf die Grundursache der Benutzerfrustration konzentrieren. Eine klar formulierte Problemstellung sorgt dafür, dass das Projekt geerdet und benutzerzentriert bleibt und das Designteam zu sinnvollen Lösungen führt.

Zu den wichtigsten Vorteilen der Problemdefinition gehören:

1. **Fokussierung der Designbemühungen**: Mit einer

klaren Problemstellung können sich Designer auf Bereiche konzentrieren, die den größten Einfluss auf die Benutzererfahrung haben.

2. **Annahmen vermeiden**: Durch die Definition des Problems auf der Grundlage realer Erkenntnisse wird verhindert, dass das Team unbegründete Annahmen darüber trifft, was Benutzer benötigen.

3. **Das Team ausrichten**: Ein klar definiertes Problem bringt alle Mitglieder des Designteams zusammen, fördert die Zusammenarbeit und stellt sicher, dass alle auf das gleiche Ziel hinarbeiten.

4. **Inspirierende Innovation**: Wenn das Problem effektiv formuliert wird, eröffnet es kreative Möglichkeiten und ermutigt das Team, innovative Lösungen zu erkunden.

Erstellen einer Problemstellung

Eine gute Problemstellung ist prägnant, benutzerzentriert und spezifisch. Es bringt das Kernproblem zum Ausdruck, ohne eine Lösung vorzuschreiben, und lässt so Raum für kreative Erkundungen in späteren Schritten. Die Erklärung sollte sich auf die Bedürfnisse der Benutzer konzentrieren und klar definieren, was Frustration oder Ineffizienz verursacht.

Merkmale einer effektiven Problemstellung:

- **Benutzerzentriert**: Die Aussage sollte die Perspektive und die Bedürfnisse des Benutzers widerspiegeln und sich nicht auf geschäftliche oder technische Einschränkungen konzentrieren.

- **Breit genug für die Erkundung, aber spezifisch genug als Leitfaden**: Die Aussage sollte offen sein und verschiedene mögliche Lösungen ermöglichen, aber dennoch klar und spezifisch sein, um das Design fokussiert zu halten.

- **Erkenntnisorientiert**: Basieren Sie die Aussage auf realen Daten und Erkenntnissen, die während der Empathiephase gesammelt wurden, und nicht auf Annahmen oder Vermutungen.

Beispielstruktur für eine Problemstellung:
[Benutzer oder Persona] braucht einen Weg zum [Ziel des Benutzers], weil [Einsicht oder Schmerzpunkt während der Empathieforschung aufgedeckt wurde].

Beispielhafte Problemstellungen:
1. **Für eine Essensliefer-App**: „Vielbeschäftigte städtische Berufstätige benötigen eine Möglichkeit, während der Mittagspause schnell Mahlzeiten zu bestellen, da lange Wartezeiten und unklare Lieferpläne zu Frustration und verpassten Mittagspausen führen."
2. **Für eine Fitness-Tracking-App**: „Gesundheitsbewusste Benutzer wünschen sich eine Möglichkeit, ihre wöchentlichen Fitnessfortschritte auf einen Blick zu sehen, da die Verfolgung mehrerer Messwerte auf verschiedenen Bildschirmen zeitaufwändig und überwältigend ist."
3. **Für einen Abonnementdienst**: „Abonnenten brauchen eine einfache Möglichkeit, ihre Mitgliedschaften zu verwalten und zu pausieren, denn komplizierte Kündigungsrichtlinien führen zu Frustration und Vertrauensverlust."

Gestaltungsmöglichkeiten definieren

Sobald die Problemstellung vorliegt, besteht der nächste Schritt darin, konkrete Gestaltungsmöglichkeiten innerhalb des Problembereichs zu identifizieren. Hier können Designer beginnen, kreativ über mögliche Ansätze nachzudenken, ohne vorschnell endgültige Lösungen zu finden. Um Designmöglichkeiten zu identifizieren, muss die Problemstellung in umsetzbare Teile zerlegt werden, die zu gezielten, innovativen Ideen inspirieren können.

Schritte zur Identifizierung von Designmöglichkeiten:

1. **Analysieren Sie die Problemstellung**: Zerlegen Sie die Aussage in ihre Kernkomponenten und konzentrieren Sie sich dabei auf Benutzerbedürfnisse, Schwachstellen und Einschränkungen.

2. **Suchen Sie nach Lücken**: Identifizieren Sie alle Lücken zwischen den Wünschen der Benutzer und dem, was sie derzeit erleben. Wenn Benutzer beispielsweise einen optimierten Prozess wünschen, gibt es einen Schritt, der vereinfacht oder automatisiert werden könnte?

3. **Stellen Sie „Wie könnten wir?"-Fragen**: Mögliche Lösungen als „Wie könnten wir…"-Fragen zu formulieren hilft, kreatives Denken zu fördern. Zum Beispiel: „Wie können wir die Wartezeiten verkürzen?" oder „Wie können wir Benutzern helfen, relevante Inhalte schneller zu finden?"

4. **Priorisieren Sie Chancen**: Überlegen Sie, welche Designmöglichkeiten am realisierbarsten sind und sich wahrscheinlich auf das Benutzererlebnis auswirken. Durch die Priorisierung kann sich das Team auf die Lösungen konzentrieren, die den größten Nutzen bringen.

Verwenden von Personas zur Definition und Verfeinerung des Problems

Personas, bei denen es sich um fiktive, aber dennoch forschungsbasierte Profile typischer Benutzer handelt, sind wertvolle Werkzeuge zur Definition des Problems. Sie tragen dazu bei, das Problem auf die tatsächlichen Benutzerbedürfnisse abzustimmen und erleichtern das Verständnis, wie verschiedene Benutzertypen möglicherweise dasselbe Problem haben. Durch die Bezugnahme auf Personas während der Problemdefinitionsphase können Designer das Problem klären und Aussagen erstellen, die bei verschiedenen Benutzergruppen Anklang finden.

Wenn Sie beispielsweise eine Person namens „Sarah" haben, eine berufstätige Mutter, die eine effiziente Lebensmittellieferung benötigt, können Sie das Problem unter Berücksichtigung ihrer spezifischen Bedürfnisse formulieren. Aufgrund ihres vollen Terminkalenders legt Sarah großen Wert auf Schnelligkeit, Einfachheit und eine klare Kommunikation rund um die Lieferzeiten. Dieser personengesteuerte Ansatz stellt sicher, dass die Problemdefinition relevant und benutzerzentriert bleibt.

Beispiele für die Problemdefinition in Aktion
Sehen wir uns einige Beispiele aus der Praxis an, um zu sehen, wie die Problemdefinition den Designprozess beeinflussen kann:

1. **Dropbox**: In seinen Anfängen erkannte Dropbox ein klares Problem: Menschen hatten Schwierigkeiten, geräteübergreifend auf Dateien zuzugreifen und diese zu teilen. Dieses Problem war spezifisch (Dateizugriff und -freigabe), benutzerzentriert (konzentriert auf das Bedürfnis der Menschen nach Einfachheit) und basierte auf tatsächlichen Frustrationen. Die Lösung von Dropbox – ein einfacher, geräteübergreifender Dateispeicherdienst – war eine direkte Antwort auf dieses definierte Problem und hat sich für Millionen von Menschen zu einem grundlegenden Werkzeug entwickelt.

2. **Airbnb**: Bevor es Airbnb gab, hatten Reisende nur begrenzte Möglichkeiten für erschwingliche, einzigartige Unterkünfte. Traditionelle Hotels erfüllten nicht die Bedürfnisse vieler Reisender, die lokale, authentische Erlebnisse wollten. Durch die Definition dieses Problems sah Airbnb eine gestalterische Chance, eine Plattform zu schaffen, auf der Menschen ihre Häuser vermieten können, Reisenden einzigartige Optionen bieten und lokalen Gastgebern eine Möglichkeit bieten, zusätzliches Einkommen zu erzielen.

3. **Netflix**: Netflix hat erkannt, dass Nutzer aufgrund der überwältigenden Menge an Inhalten oft Schwierigkeiten haben, Filme zu finden, die sie sehen wollten. Die Problemdefinition führte zur Einführung personalisierter Empfehlungsalgorithmen, die Inhalte basierend auf individuellen Sehpräferenzen priorisieren. Durch die Lösung dieses Problems verbesserte Netflix das Benutzererlebnis und förderte längere Fernsehsitzungen.

Gestaltung von Designzielen aus Problemstellungen

Bei einem klar definierten Problem besteht der nächste Schritt darin, spezifische Entwurfsziele festzulegen. Diese Ziele leiten die Ideenfindungsphase und tragen dazu bei, dass die vorgeschlagenen Lösungen weiterhin auf die Bedürfnisse der Benutzer ausgerichtet sind. Designziele sind messbar und ergebnisorientiert und helfen dem Team, beim Brainstorming und der Erstellung von Prototypen auf dem richtigen Weg zu bleiben.

Beispiele für Designziele:

- **Reduzieren Sie die Zeit zum Erledigen einer Aufgabe**: Wenn Benutzer beispielsweise feststellen, dass die Bestellung einer Mahlzeit zu lange dauert, könnte das Ziel darin bestehen, die durchschnittliche Bestellzeit um 30 % zu verkürzen.
- **Steigern Sie das Vertrauen der Benutzer**: Wenn Benutzer Zweifel an der Richtigkeit der Informationen haben, könnte das Ziel darin bestehen, das Vertrauen der Benutzer durch klarere Nachrichten- oder Feedbackmechanismen um 20 % zu erhöhen.
- **Verbessern Sie die Engagement-Raten**: Wenn das Problem in einer geringen Interaktion liegt, besteht das Ziel möglicherweise darin, die Klickrate auf relevante Inhalte um einen bestimmten Prozentsatz zu erhöhen.

Designziele liefern klare Erfolgskriterien und stellen sicher, dass das Team bestimmte Ergebnisse anstrebt und die Wirksamkeit seiner Lösungen in späteren Phasen messen kann.

In der Phase „Definieren" trifft Empathie auf Struktur. Indem Sie Benutzererkenntnisse in klare Problemstellungen umwandeln und Designmöglichkeiten identifizieren, legen Sie den Grundstein für sinnvolle Lösungen. Ein klar definiertes Problem schafft die Voraussetzungen für Innovationen und sorgt dafür, dass sich das Projekt auf das konzentriert, was für den Benutzer am wichtigsten ist.

Durch sorgfältige Problemdefinition schaffen Designer einen fokussierten Rahmen, der zielgerichtete, benutzerzentrierte Lösungen vorantreibt.

KAPITEL 8

Schritt 3 – Ideen entwickeln und Brainstorming-Lösungen durchführen

Kreative Problemlösung

Nachdem Sie eine klare und umsetzbare Problemstellung definiert haben, ist es an der Zeit, kreative Lösungen zu finden. In der Ideenfindungsphase entfalten Designer ihre Kreativität und erkunden eine breite Palette von Ideen, um das Problem anzugehen. Diese Phase ist im Design-Thinking-Prozess von entscheidender Bedeutung, da sie Innovation, Risikobereitschaft und unkonventionelles Denken fördert, die zu bahnbrechenden Lösungen führen können.

Der Zweck der Ideenfindung im Design-Thinking-Prozess

Bei der Ideenfindung geht es darum, Ideen ohne sofortiges Urteil zu generieren. Ziel ist es, einen reichhaltigen Pool potenzieller Lösungen zu schaffen, die später verfeinert und getestet werden können. Selbst scheinbar „wilde" Ideen können unerwartete Erkenntnisse hervorrufen oder zu praktischeren Innovationen führen.

Zu den Hauptzielen der Ideenfindungsphase gehören:

1. **Möglichkeiten erweitern**: Ideenfindung beseitigt

Grenzen und ermöglicht es dem Team, über herkömmliche Lösungen hinauszudenken und neue Ansätze zu erkunden.

2. **Förderung der Zusammenarbeit**: Brainstorming in einer Gruppenumgebung bringt unterschiedliche Perspektiven mit sich, die Ideen aufdecken können, die einzelne Designer möglicherweise nicht berücksichtigt haben.

3. **Dynamik aufbauen**: Ideenfindung trägt dazu bei, den Designprozess anzuregen und Begeisterung für die Möglichkeiten zur Lösung von Benutzeranforderungen zu wecken.

4. **Innovation fördern**: Indem Teams sowohl realisierbare als auch ehrgeizige Ideen berücksichtigen, schaffen sie Raum für innovative Lösungen, die sonst möglicherweise übersehen würden.

Effektive Techniken für Ideenfindung und Brainstorming
Es gibt viele strukturierte Techniken, die als Leitfaden für Ideenfindungssitzungen dienen können. Hier sind einige der effektivsten Methoden zur Ideengenerierung:

1. **Brainstorming**: Brainstorming ist eine der beliebtesten Ideenfindungstechniken und beinhaltet die Generierung möglichst vieler Ideen innerhalb eines festgelegten Zeitrahmens. Der Schwerpunkt liegt auf Quantität vor Qualität, damit Ideen ohne Kritik fließen können. Diese Methode funktioniert gut in einer Gruppenumgebung, da die Idee einer Person andere dazu inspirieren kann, in neue Richtungen zu denken.
Best Practices:
- Ermutigen Sie alle Teilnehmer, ihre Ideen zu teilen, egal wie unkonventionell sie auch erscheinen mögen.
- Legen Sie ein Zeitlimit fest, damit die Sitzung konzentriert und zügig verläuft.
- Schreiben Sie jede Idee auf, damit sie sichtbar ist und

später als Referenz dienen kann.

2. **Mindmapping**: Mindmapping ist eine visuelle Brainstorming-Technik, die mit einem zentralen Problem beginnt und sich in verwandte Ideen verzweigt. Diese Methode hilft, komplexe Probleme aufzuschlüsseln und Zusammenhänge zwischen verschiedenen Konzepten aufzudecken.

Best Practices:

- Beginnen Sie mit einem zentralen Problem oder Thema in der Mitte der Seite.
- Verwenden Sie Verzweigungen, um verwandte Ideen zu verbinden, und erweitern Sie sie nach außen, wenn weitere Ideen auftauchen.
- Entdecken Sie verschiedene Wege, die auf den ersten Blick vielleicht nicht offensichtlich sind.

3. **Skizzierung**: Skizzieren oder „Rapid Prototyping" ist eine großartige Möglichkeit, abstrakte Ideen visuell zum Leben zu erwecken. Selbst grobe Skizzen können das Verständnis und die Bewertung von Ideen erleichtern und während des Ideenfindungsprozesses zu neuen Richtungen inspirieren.

Best Practices:

- Ermutigen Sie zu schnellen Skizzen mit geringer Wiedergabetreue, um Ideen visuell zu kommunizieren.
- Konzentrieren Sie sich auf die Erfassung von Konzepten und nicht auf Details.
- Verwenden Sie Skizzen, um Diskussionen anzustoßen, damit die Teammitglieder auf den visuellen Ideen der anderen aufbauen können.

4. **HUSCHEN**: SCAMPER ist ein Akronym für einen strukturierten Ansatz zur Kreativität, der sieben Aufforderungen zur Änderung und Verbesserung bestehender Ideen umfasst. Die Eingabeaufforderungen lauten „Ersetzen", „Kombinieren", „Anpassen", „Ändern", „Anderen Verwendung zuführen", „Eliminieren" und „Umkehren". SCAMPER ist ein

vielseitiges Tool, das Teilnehmer durch verschiedene Herangehensweisen an das Problem führen kann.

Best Practices:

- Wenden Sie jede SCAMPER-Eingabeaufforderung auf das Problem an, um alternative Lösungen zu erkunden.
- Nutzen Sie SCAMPER-Eingabeaufforderungen, um bestehende Ideen zu verfeinern oder umzuwandeln.
- Ermutigen Sie die Teammitglieder, offen für ungewöhnliche Interpretationen der Aufforderungen zu sein.

5. **Die schlechteste mögliche Idee:** Bei dieser Technik werden absichtlich die „schlechtesten möglichen Ideen" zur Lösung eines Problems erarbeitet. Auch wenn es kontraintuitiv klingen mag, hilft es den Menschen, ihre Hemmungen loszulassen, und erzeugt Lacher, die zu wirklich kreativen Ideen führen können.

Best Practices:

- Besprechen Sie zunächst Ideen, die das Problem verschlimmern würden oder völlig unpraktisch sind.
- Besprechen Sie, was diese Ideen schlecht macht – dies kann zu Erkenntnissen darüber führen, was eine gute Lösung ausmachen könnte.
- Nutzen Sie die „schlechten" Ideen als Sprungbrett, um echte, realisierbare Lösungen zu finden.

6. **Rollenspiele und Empathieübungen:** Indem Sie sich in die Lage der Benutzer versetzen und mögliche Szenarien durchspielen, können Rollenspiele neue Erkenntnisse darüber liefern, wie Benutzer mit einem Produkt interagieren könnten. Diese Technik ist besonders effektiv, um Ideen aufzudecken, die in einem herkömmlichen Brainstorming-Umfeld möglicherweise nicht auftauchen.

Best Practices:

- Lassen Sie die Teammitglieder typische Benutzerinteraktionen mit dem Produkt nachspielen.
- Entdecken Sie verschiedene Benutzerpersönlichkeiten

und berücksichtigen Sie deren individuelle Bedürfnisse.

- Beobachten und besprechen Sie mögliche Reibungspunkte, die beim Rollenspiel entstehen.

Bereiten Sie die Bühne für eine produktive Ideenfindungssitzung

Die Schaffung einer produktiven Ideenfindungsumgebung erfordert Planung und Struktur. Hier sind einige Tipps, um das Beste aus einer Ideenfindungssitzung herauszuholen:

- **Definieren Sie den Umfang**: Erinnern Sie das Team an die Problemstellung und die wichtigsten Ziele. Dadurch wird sichergestellt, dass die generierten Ideen mit den Projektzielen übereinstimmen.
- **Fördern Sie eine urteilsfreie Zone**: Schaffen Sie einen sicheren Raum, in dem sich die Teilnehmer wohl fühlen, alle Ideen auszutauschen, ohne Angst vor Kritik zu haben.
- **Legen Sie Zeitlimits fest**: Halten Sie die Sitzung konzentriert und verhindern Sie, dass sie sich in die Länge zieht, indem Sie Zeitlimits für jede Aktivität oder Brainstorming-Methode festlegen.
- **Erfassen Sie alles**: Dokumentieren Sie jede noch so unkonventionelle Idee. Sie können sie später filtern und priorisieren, aber im Moment besteht das Ziel darin, Optionen zu generieren.

Ideen bewerten und auswählen

Sobald das Team eine breite Palette an Ideen generiert hat, ist es an der Zeit, diese zu bewerten. Das Ziel in dieser Phase besteht darin, die Ideen auf diejenigen einzugrenzen, die den in der Problemstellung dargelegten Anforderungen am besten entsprechen und sich am besten umsetzen lassen.

Bewertungstechniken:

1. **Punktabstimmung**: Geben Sie jedem Teammitglied eine festgelegte Anzahl von „Stimmen" (normalerweise

in Form von Klebepunkten), die es für seine Lieblingsideen abgeben kann. Diese einfache Methode ermöglicht eine schnelle und demokratische Priorisierung von Ideen.

2. **Machbarkeits-Auswirkungsmatrix**: Stellen Sie jede Idee auf der Grundlage ihrer Machbarkeit (einfache Implementierung) und Wirkung (Wert für den Benutzer) in einer Matrix dar. Dadurch können Teams erkennen, welche Ideen sowohl umsetzbar als auch wertvoll sind.

3. **Gruppendiskussion und Debatte**: Nehmen Sie an einer strukturierten Diskussion teil, um die Vor- und Nachteile jeder Idee abzuwägen. Berücksichtigen Sie die während der Benutzerrecherche gesammelten Erkenntnisse und die definierte Problemstellung als Leitfaden für das Gespräch.

4. **Affinitätszuordnung**: Gruppieren Sie ähnliche Ideen, um gemeinsame Themen oder Muster zu identifizieren. Dies hilft bei der Organisation von Ideen, die sich möglicherweise überschneidende Konzepte haben, und ermöglicht es dem Team, umfassende Lösungen zu entwickeln.

Ideen in umsetzbare Konzepte umwandeln

Nachdem das Team die vielversprechendsten Ideen ausgewählt hat, kann es damit beginnen, diese in umsetzbare Konzepte zu konkretisieren. Dazu gehört das Hinzufügen von Details zu jeder ausgewählten Idee, wie etwa potenziellen Funktionen, Benutzerabläufen und Skizzen im Frühstadium. Ziel ist es, eine Grundlage zu schaffen, die einen reibungslosen Übergang in die Prototyping-Phase ermöglicht.

Schritte zur Entwicklung umsetzbarer Konzepte:

1. **Beschreiben Sie die wichtigsten Funktionen**: Identifizieren Sie die wichtigsten Merkmale und Funktionen, die die Idee zum Leben erwecken.

2. **Erstellen Sie User Stories**: User Stories sind kurze Erzählungen, die beschreiben, wie ein Benutzer mit dem Design interagieren könnte. Sie helfen zu verdeutlichen, was die einzelnen Funktionen bewirken sollen.

3. **Benutzerflüsse zuordnen**: Benutzerflüsse beschreiben die Schritte, die ein Benutzer unternehmen wird, um ein Ziel innerhalb des Produkts zu erreichen. Dies hilft dabei, potenzielle Reibungspunkte auf der Reise zu identifizieren.

4. **Sammeln Sie frühes Feedback**: Teilen Sie diese ersten Konzepte mit Stakeholdern oder potenziellen Benutzern, um frühzeitig Feedback zu erhalten und die Ideen weiter zu verfeinern.

Beispiele aus der Praxis für erfolgreiche Ideenfindung

1. **Airbnb**: In den Anfangsstadien hatten die Gründer von Airbnb ein Brainstorming über die Idee, Hausbesitzer mit Reisenden zusammenzubringen, die eine kurzfristige Unterkunft benötigen. Was als einfache Idee begann, entwickelte sich zu einem bahnbrechenden Modell, vor allem dank der Bereitschaft der Gründer, unkonventionelle Lösungen zu erforschen.

2. **Apple iPod**: In der Ideenphase des iPod konzentrierte sich Apple auf eine Problemstellung rund um die umständliche Erfahrung digitaler Musikplayer. Die Lösung bestand darin, ein Gerät mit elegantem Design und intuitiver Navigation zu entwickeln, das Musik „in Ihrer Tasche" zugänglich macht.

3. **Haftnotizen**: Ursprünglich war es ein gescheitertes Klebeexperiment, doch 3M-Ingenieure überlegten, wie sie den schwachen Kleber in eine Lösung für vorübergehende Notizen umwandeln könnten. Dies

führte zur Entwicklung von Post-it-Notizen, die heute zu den bekanntesten Büroartikeln der Welt gehören.

Eine wachstumsorientierte Denkweise bei der Ideenfindung annehmen

In der Ideenfindungsphase geht es um mehr als nur das Generieren von Ideen – es geht um eine Geisteshaltung der Offenheit, Neugier und des Experimentierens. Teams, die bei der Ideenfindung eine wachstumsorientierte Denkweise verfolgen, haben eine höhere Wahrscheinlichkeit, einzigartige und effektive Lösungen zu entdecken. Die Förderung der kreativen Freiheit und die Wertschätzung jedes Beitrags können dazu beitragen, ein Umfeld zu schaffen, in dem wirklich innovative Ideen entstehen.

Am Ende dieses Kapitels sollten Sie ein klares Verständnis davon haben, wie Sie die Ideenfindung strukturiert und dennoch kreativ angehen können. Mit den besten Ideen in der Hand ist das Team bereit, mit der nächsten Phase fortzufahren: dem Prototyping.

KAPITEL 9

Schritt 4 – Prototyp Ihres Designs

Ideen zum Leben erwecken
Nach dem Brainstorming und der Auswahl der vielversprechendsten Ideen besteht der nächste Schritt darin, diese Konzepte durch Prototyping zum Leben zu erwecken. Beim Prototyping handelt es sich um den Prozess der Erstellung einer interaktiven Low-Fidelity-Version eines Designs, um dessen Funktionalität zu testen und Feedback zu sammeln. Dieser Schritt wandelt abstrakte Ideen in greifbare Designs um, sodass Teams visualisieren können, wie Benutzer mit dem Produkt interagieren könnten. Prototypen fungieren als Brücke zwischen Ideenfindung und Benutzertests und zeigen, ob die vorgeschlagenen Lösungen den Benutzerbedürfnissen entsprechen und praktisch umsetzbar sind.

Was ist ein Prototyp?
Ein Prototyp ist ein frühes Muster oder Modell eines Produkts, das erstellt wurde, um Konzepte vor der endgültigen Entwurfsphase zu testen und zu verfeinern. Die Wiedergabetreue von Prototypen kann variieren, von groben Skizzen und Drahtmodellen bis hin zu interaktiven digitalen Modellen. Ziel ist es, eine vereinfachte Version des Designs zu erstellen, die genügend Funktionalität enthält, um die Hauptfunktionen und Benutzerabläufe zu veranschaulichen, ohne zu viel Zeit auf Details zu verwenden.

Arten von Prototypen:

1. **Low-Fidelity-Prototypen:**
- Einfach und kostengünstig, oft bestehend aus Papierskizzen oder einfachen digitalen Wireframes.
- Ideal für frühe Tests und schnelle Iterationen, um mehrere Designrichtungen zu erkunden.
2. **Mid-Fidelity-Prototypen:**
- Enthält mehr Details und Funktionalität, häufig erstellt mit Wireframing-Tools wie Figma oder Adobe XD.
- Ermöglicht das Testen des Benutzerflusses mit anklickbaren Links zur Simulation der Navigation zwischen Bildschirmen.
3. **High-Fidelity-Prototypen:**
- Nahe am endgültigen Design, einschließlich verfeinerter Grafiken, Animationen und interaktiver Elemente.
- Wird für ausführliche Tests verwendet und bietet Benutzern ein nahezu endgültiges Erlebnis mit realistischen Interaktionen.

Warum Prototyping im UX-Design unerlässlich ist

Das Prototyping ist aus mehreren Gründen ein entscheidender Schritt im UX-Design:

1. **Ideen testen**: Prototypen ermöglichen es Designern, mit Ideen zu experimentieren und zu sehen, ob sie wie beabsichtigt funktionieren. Dieser praktische Ansatz bringt Klarheit in Konzepte, deren Visualisierung in statischen Wireframes möglicherweise schwierig ist.
2. **Feedback einholen**: Prototyping ermöglicht ein frühzeitiges Feedback von Benutzern und Stakeholdern und hilft so, potenzielle Probleme oder Bereiche mit Verbesserungsbedarf zu identifizieren.
3. **Kosten senken**: Das frühzeitige Erkennen von Designfehlern und Usability-Problemen spart Zeit und Geld, da die Notwendigkeit umfangreicher Überarbeitungen in späteren Phasen verringert wird.

4. **Verbesserung der Kommunikation**: Prototypen helfen Teams dabei, Designabsichten effektiver zu kommunizieren. Stakeholder können den Entwurf direkt erleben, was klarere Diskussionen und eine schnellere Entscheidungsfindung fördert.

Der Prototyping-Prozess: Von der Skizze zum interaktiven Modell

Der Prototyping-Prozess umfasst mehrere Phasen, wobei jede Phase auf der vorherigen aufbaut. Dieser Fortschritt stellt sicher, dass die Designs sorgfältig weiterentwickelt werden und dass jede Iteration das Produkt näher an die Bedürfnisse der Benutzer bringt.

Schritt 1: Erstellen Sie grundlegende Wireframes

Wireframes sind einfache Layouts mit geringer Wiedergabetreue, die die Grundstruktur jedes Bildschirms oder jeder Seite skizzieren. Sie helfen dabei, Inhalte zu organisieren, visuelle Hierarchien zu definieren und sicherzustellen, dass Kernfunktionen richtig platziert werden.

Best Practices für Wireframes:
- Halten Sie es einfach: Konzentrieren Sie sich auf Struktur und Layout statt auf Details.
- Betonen Sie die Funktionalität: Zeigen Sie, wo Schlüsselelemente wie Schaltflächen, Navigationsmenüs und Bilder platziert werden.
- Beschriften Sie wesentliche Elemente: Beschriften Sie jeden Teil deutlich, um seinen Zweck zu verdeutlichen (z. B. „Kopfzeile", „Fußzeile", „Hauptinhaltsbereich").

Schritt 2: Interaktivität hinzufügen

Sobald die Wireframes fertig sind, beginnen Sie mit dem Hinzufügen von Interaktivität, um einen Fluss zwischen den Bildschirmen zu schaffen. Mit Tools wie Figma, Adobe XD und Sketch können Designer anklickbare Prototypen erstellen, indem sie Schaltflächen und Symbole mit den relevanten

Seiten verknüpfen. Dieser Schritt vermittelt ein realistisches Navigationsgefühl und hilft Designern und Benutzern zu testen, wie sich der Fluss in Aktion anfühlt.

Best Practices zum Hinzufügen von Interaktivität:

- Ordnen Sie Benutzerabläufe zu: Definieren Sie wichtige Benutzerabläufe, z. B. Anmelden oder Auschecken, und verknüpfen Sie Bildschirme, um diese Pfade zu unterstützen.

- Verwenden Sie Blindtext und Platzhalter: An dieser Stelle ist es akzeptabel, Platzhaltertext und -bilder zu verwenden, solange diese nicht von der Navigation ablenken.

- Testen Sie die Reibungslosigkeit: Klicken Sie sich durch jede Interaktion, um einen reibungslosen, logischen Fluss von einem Bildschirm zum nächsten sicherzustellen.

Schritt 3: Erstellen Sie Mid-Fidelity-Prototypen

Nachdem der Hauptnavigationsfluss etabliert ist, enthalten Mid-Fidelity-Prototypen verfeinerte Elemente wie Typografie, Farben und Symbole, um die Bildschirme optisch ansprechender zu gestalten. Der Fokus liegt weiterhin auf der Benutzerfreundlichkeit, und Designer verzichten immer noch auf hochdetaillierte Funktionen wie erweiterte Animationen.

Best Practices für Mid-Fidelity-Prototypen:

- Konzentrieren Sie sich auf Konsistenz: Verwenden Sie einheitliche Stile für Schaltflächen, Schriftarten und Abstände auf den Bildschirmen.
- Beziehen Sie echtes Benutzer-Feedback ein: Beziehen Sie erstes Feedback ein, um die Benutzerfreundlichkeit zu verbessern, bevor Sie auf High Fidelity umsteigen.
- Dokument-Feedback: Notieren Sie Bereiche, in denen Unklarheiten oder Verbesserungen bestehen, um sie bei der nächsten Iteration zu berücksichtigen.

Schritt 4: Entwickeln Sie High-Fidelity-Prototypen

High-Fidelity-Prototypen ähneln stark dem Endprodukt und umfassen ausgefeilte Grafiken, Animationen und Mikrointeraktionen. Diese Prototypen eignen sich ideal für Benutzertests und Stakeholder-Bewertungen in der Endphase, da sie ein realistisches Benutzererlebnis bieten.

Best Practices für High-Fidelity-Prototypen:

- Verwenden Sie echte Inhalte: Ersetzen Sie Platzhalter durch echte Texte, Bilder und Benutzerdaten, um ein authentisches Erlebnis zu schaffen.
- Optimieren Sie Interaktionen: Verfeinern Sie Animationen, Schaltflächeneffekte und andere Details, die zu einem reibungslosen, angenehmen Benutzererlebnis beitragen.
- Barrierefreiheit sicherstellen: Überprüfen Sie Farbkontrast, Textgröße und andere Barrierefreiheitsstandards, um die Benutzerfreundlichkeit für alle Benutzer sicherzustellen.

Werkzeuge für das Prototyping
Für die Erstellung von Prototypen stehen zahlreiche Tools zur Verfügung, jedes mit seinen einzigartigen Stärken. Hier sind einige beliebte Optionen:

1. **Figma**: Figma ist für seine Funktionen zur Zusammenarbeit bekannt und ermöglicht die Bearbeitung und Freigabe in Echtzeit, was es ideal für Teamprojekte macht.
2. **Adobe XD**: Bietet eine Reihe von Prototyping- und Animationsfunktionen mit benutzerfreundlichen Tools, die sowohl einfache als auch komplexe Prototypen ermöglichen.
3. **Skizzieren**: Ein beliebtes Designtool für UI/UX-Design, das sich gut in andere Plugins integrieren lässt, um seine Funktionalität zu erweitern.
4. **InVision**: Konzentriert sich auf die Erstellung interaktiver Prototypen und bietet verschiedene Funktionen für die Zusammenarbeit für Team-

Feedback und -Austausch.

5. **Axure RP**: Ein Tool, das häufig für komplexe, interaktive Prototypen verwendet wird, einschließlich erweiterter Funktionen wie dynamischer Inhalt und bedingter Logik.

Prototyping-Beispiele aus der Praxis

Um den Wert des Prototypings besser zu verstehen, schauen wir uns einige Beispiele aus der Praxis an:

1. **Airbnb**: Zu Beginn der Entwicklung nutzten die Gründer von Airbnb Prototyping, um den Buchungsprozess sowohl für Gastgeber als auch für Gäste zu testen. Durch die Erstellung von anklickbaren Prototypen mit niedriger Wiedergabetreue konnten sie jeden Schritt schnell testen und verfeinern und so vor dem Start ein reibungsloses, benutzerfreundliches Erlebnis gewährleisten.

2. **Locker**: Slack nutzte iteratives Prototyping, um seine Benutzeroberfläche und seinen Navigationsfluss zu entwickeln. Durch die Erstellung von Prototypen für verschiedene Funktionen wie Kanalerstellung und Nachrichtensuche konnte das Designteam Benutzerfeedback erhalten und die Benutzerfreundlichkeit von Slack kontinuierlich verbessern.

3. **Spotify**: Spotify verlässt sich bei der Entwicklung seiner komplexen Benutzeroberfläche stark auf Prototyping, sodass Benutzer die Inhaltsbibliothek, Wiedergabelisten und Empfehlungen der App erkunden können. Durch frühes und häufiges Prototyping stellt Spotify sicher, dass jede neue Funktion das Benutzererlebnis verbessert.

Best Practices für effektives Prototyping

Berücksichtigen Sie die folgenden Best Practices, um den Prototyping-Prozess so effizient und produktiv wie möglich zu gestalten:

1. **Fangen Sie einfach an**: Beginnen Sie mit Low-Fidelity-Prototypen und erhöhen Sie die Komplexität schrittweise. Dadurch wird sichergestellt, dass grundlegende Usability-Probleme gelöst werden, bevor mit dem detaillierten Design begonnen wird.
2. **Iterieren Sie basierend auf Feedback**: Das Testen jedes Prototyps und die Einbeziehung des Benutzerfeedbacks trägt dazu bei, dass sich das Design entsprechend den tatsächlichen Benutzeranforderungen weiterentwickelt.
3. **Konzentrieren Sie sich zunächst auf die Kernfunktionen**: Priorisieren Sie Funktionen, die für das Benutzererlebnis wesentlich sind, und belassen Sie kleinere Details für spätere Phasen.
4. **Behalten Sie die Konsistenz bei**: Stellen Sie sicher, dass Designelemente wie Schriftarten, Farben und Symbole auf allen Bildschirmen konsistent bleiben, um ein zusammenhängendes Benutzererlebnis zu schaffen.
5. **Testen Sie in realistischen Szenarien**: Testen Sie Prototypen nach Möglichkeit in Umgebungen, die denen ähneln, in denen Benutzer das Produkt tatsächlich verwenden werden. Dies sorgt für zuverlässigeres Feedback zur Benutzerfreundlichkeit und zum Ablauf.

Prototyping als gemeinschaftliche Anstrengung

Prototyping ist am effektivsten, wenn es gemeinsam durchgeführt wird. Die Einbindung von Stakeholdern, Teammitgliedern und sogar potenziellen Benutzern in den Prozess gewährleistet unterschiedliche Perspektiven und minimiert blinde Flecken. Dieser kollaborative Ansatz ist nicht nur für die Verbesserung des Designs von Vorteil, sondern auch für die Angleichung des Verständnisses aller für die Projektziele und Benutzerbedürfnisse.

Vom Prototyp zum Produkt

Nachdem der Prototyp anhand des Feedbacks verfeinert wurde, erfolgt im nächsten Schritt die Entwicklung des Endprodukts. Zu diesem Zeitpunkt sollte das Team eine klare Vorstellung davon haben, was gut funktioniert und was möglicherweise noch verbessert werden muss. Der validierte Prototyp dient als Blaupause für das endgültige Design und stellt sicher, dass das Entwicklungsteam es präzise und effizient zum Leben erwecken kann.

Die Prototyping-Phase ist entscheidend für die Entwicklung eines Produkts, das nicht nur gut aussieht, sondern auch für den Benutzer reibungslos funktioniert. Indem Designer Zeit in durchdachtes Prototyping investieren, stellen sie sicher, dass ihre Lösungen benutzerzentriert und funktional sind und bei der Einführung eine positive Wirkung erzielen können.

In diesem Kapitel haben Sie die Grundlagen des Prototypings, seinen Zweck im Designprozess und praktische Schritte zur Erstellung effektiver Prototypen erkundet. Mit einem gut ausgearbeiteten Prototyp sind Sie nun auf die letzte Phase des Design-Thinking-Prozesses vorbereitet: das Testen und Verfeinern des Designs. Im nächsten Kapitel befassen wir uns mit Benutzertesttechniken, um Erkenntnisse zu sammeln und Ihren Prototyp für den Erfolg zu optimieren.

KAPITEL 10

Schritt 5 – Testen und verfeinern Sie den Prototyp

Usability-Tests und Iteration

Nachdem Sie einen Prototyp erstellt haben, ist es an der Zeit, ihn durch Tests und Verfeinerung zu validieren. Unter Usability-Tests versteht man den Prozess, bei dem bewertet wird, wie effektiv Benutzer mit einem Prototyp interagieren, um herauszufinden, was gut funktioniert, und um Bereiche mit Verbesserungspotenzial zu entdecken. Durch diesen Schritt sammeln Designer wichtiges Feedback und helfen ihnen, ein Produkt zu entwickeln, das nicht nur die Bedürfnisse der Benutzer erfüllt, sondern auch ein nahtloses Erlebnis bietet.

Was ist Usability-Test?

Usability-Tests sind ein zentraler Bestandteil des User-Experience-Designs, bei dem echte Benutzer mit dem Prototyp interagieren, um bestimmte Aufgaben auszuführen. Die Beobachtung ihrer Interaktionen und Herausforderungen hilft Designern zu verstehen, wie intuitiv das Produkt ist und wo es möglicherweise Mängel aufweist.

Ziele des Usability-Tests:

1. **Identifizieren Sie Schmerzpunkte**: Finden Sie heraus, wo Benutzer Schwierigkeiten haben, frustriert sind oder verwirrt sind.

2. **Bewerten Sie die Benutzerfreundlichkeit**: Beurteilen

Sie, ob das Produkt einfach zu navigieren und intuitiv ist.

3. **Überprüfen Sie die Funktionalität**: Bestätigen Sie, dass die Funktionen wie vorgesehen funktionieren und die Erwartungen der Benutzer erfüllen.

4. **Sammeln Sie Benutzerfeedback**: Sammeln Sie qualitative Erkenntnisse direkt von Benutzern und offenbaren Sie häufig Bedürfnisse oder Vorlieben, die quantitative Daten möglicherweise übersehen.

Arten von Usability-Tests:

- **Moderiertes Testen**: Ein Moderator führt Benutzer durch den Prototyp, stellt Fragen und sammelt in Echtzeit Feedback.

- **Unmoderierte Tests**: Benutzer testen den Prototyp unabhängig, wobei das Feedback anschließend durch Umfragen oder aufgezeichnete Sitzungen gesammelt wird.

- **Ferntests**: Benutzer interagieren von ihrem Standort aus mit dem Produkt, wodurch es einfacher wird, eine vielfältige, geografisch verteilte Gruppe einzubeziehen.

Der Usability-Testprozess

1. **Definieren Sie Ziele und Vorgaben**
   - Setzen Sie sich klare Ziele, um zu verstehen, was Sie aus dem Test lernen möchten. Zu den Zielen können die Überprüfung bestimmter Funktionen, das Testen der Navigation oder die Bewertung der Leichtigkeit der Erledigung einer Aufgabe gehören.

2. **Entwickeln Sie Testszenarien und -aufgaben**
   - Erstellen Sie realistische Szenarien, die Benutzer durch Aufgaben führen, die sie mit dem Produkt ausführen würden. Aufgaben sollten allgemeine Anwendungsfälle widerspiegeln, z. B. das Finden einer bestimmten Funktion, das Abschließen einer Transaktion oder das Auffinden von Informationen.

3. **Rekrutieren Sie Teilnehmer**
- Wählen Sie Teilnehmer aus, die Ihre Zielgruppe repräsentieren, um relevantes Feedback zu erhalten. Ziel ist es, dass eine vielfältige Gruppe verschiedene Perspektiven einfängt und etwaige Usability-Probleme identifiziert, die sich auf bestimmte Benutzergruppen auswirken können.

4. **Führen Sie den Test durch**
- Erleichtern Sie den Test, indem Sie die Teilnehmer dazu ermutigen, beim Navigieren durch den Prototyp laut zu denken. Dieser Ansatz hilft Ihnen, ihren Denkprozess zu verstehen und herauszufinden, warum bestimmte Aspekte möglicherweise verwirrend sind.

5. **Sammeln und analysieren Sie Daten**
- Sammeln Sie nach jedem Test die Ergebnisse, um Muster im Benutzerverhalten und Verbesserungsmöglichkeiten zu identifizieren. Suchen Sie nach Problemen, auf die mehrere Benutzer gestoßen sind, da diese Bereiche häufig mit hoher Priorität behandelt werden müssen.

Häufige Usability-Probleme, auf die Sie achten sollten

Bei Usability-Tests stoßen Designer häufig auf allgemeine Probleme, die das Benutzererlebnis beeinträchtigen können. Hier sind einige häufige Herausforderungen:

1. **Unintuitive Navigation**: Benutzer haben möglicherweise Schwierigkeiten, wichtige Funktionen oder Pfade zu finden.

2. **Inkonsistente Designelemente**: Unterschiede bei Schaltflächen, Farben oder Schriftarten können Benutzer verwirren und dazu führen, dass das Produkt unpoliert wirkt.

3. **Überladene Informationen**: Zu viel Text, komplexe Grafiken oder ein überfülltes Layout können Benutzer überfordern und die Benutzerfreundlichkeit

beeinträchtigen.

4. **Technische Störungen**: Langsame Ladezeiten, defekte Links oder verzögerte Interaktionen stören das Erlebnis.

5. **Unklare Anweisungen**: Unklare Anweisungen können dazu führen, dass Benutzer unsicher sind, wie sie vorgehen sollen.

Das frühzeitige Erkennen dieser Probleme durch Usability-Tests kann Designern dabei helfen, den Prototyp zu verfeinern, seine Benutzerfreundlichkeit zu verbessern und ein reibungsloseres Erlebnis zu gewährleisten.

Iterieren basierend auf Benutzerfeedback

Das Testen ist kein einmaliger Prozess; Stattdessen handelt es sich um einen Zyklus des Sammelns von Erkenntnissen und der Verfeinerung des Designs. Priorisieren Sie nach der Analyse der Ergebnisse des Usability-Tests die Änderungen basierend auf den Auswirkungen, die jedes Problem auf die Benutzererfahrung hat.

Schritte für eine effektive Iteration:

1. **Priorisieren Sie Änderungen mit großer Auswirkung**: Beheben Sie zunächst größere Probleme mit der Benutzerfreundlichkeit, insbesondere solche, die die Fähigkeit des Benutzers, Aufgaben zu erledigen, erheblich behindern.

2. **Verfeinern Sie den Prototyp**: Nehmen Sie Änderungen am Design basierend auf Feedback vor. Wenn Benutzer beispielsweise feststellen, dass eine Schaltfläche schwer zu finden ist, verbessern Sie ihre Sichtbarkeit, indem Sie ihre Größe, Farbe oder Position ändern.

3. **Testen Sie noch einmal**: Nachdem Sie den Prototyp verfeinert haben, testen Sie ihn mit einer anderen Benutzergruppe, um zu sehen, ob die Änderungen

frühere Probleme gelöst haben, und um neue zu identifizieren.

4. **Wiederholen Sie den Vorgang nach Bedarf**: Testen und iterieren Sie weiter, bis der Prototyp ein reibungsloses, intuitives Erlebnis bietet.

Tools für Usability-Tests und Iteration

Mehrere Tools erleichtern das Testen der Benutzerfreundlichkeit und liefern wertvolle Erkenntnisse, die Ihnen helfen, Ihren Prototyp effektiv zu verfeinern. Hier sind einige beliebte Optionen:

1. **UsabilityHub**: Bietet eine Plattform zum Ausführen von Tests wie Präferenztests und Navigationstests.
2. **Rückblick**: Bietet moderierte Echtzeittests und Sitzungsaufzeichnungen, die eine detaillierte Analyse ermöglichen.
3. **Labyrinth**: Ein Testtool, das sich in Figma und Sketch integrieren lässt und schnelles Feedback zu interaktiven Prototypen ermöglicht.
4. **Hotjar**: Bietet Heatmaps und Sitzungsaufzeichnungen und hilft dabei, zu visualisieren, wo Benutzer klicken, scrollen oder zögern.

Iterieren für ein benutzerzentriertes Design

Iteration ist für die Erstellung eines wirklich benutzerzentrierten Produkts unerlässlich. Jede Testrunde bietet die Möglichkeit, Schwächen zu beheben und Stärken zu verbessern, um das Design näher an die Erfüllung der Benutzerbedürfnisse und -erwartungen heranzuführen.

Durch mehrere Test- und Verfeinerungsrunden können Designer ein Produkt schaffen, das nicht nur gut funktioniert, sondern sich auch intuitiv, ansprechend und für den Benutzer zufriedenstellend anfühlt. Dieser iterative Ansatz stellt sicher, dass jede Designentscheidung auf echtem Benutzerfeedback basiert und das Endprodukt sowohl effektiv als auch angenehm ist.

In diesem Kapitel haben Sie die Grundlagen des Usability-Tests und die Bedeutung der iterativen Verfeinerung im UX-Design kennengelernt. Diese Schritte bringen Ihren Prototyp einem Endprodukt näher und stellen sicher, dass er den Erwartungen der Benutzer entspricht und in realen Szenarien eine gute Leistung erbringt.

TEIL 3

Grundlegende UX-Designprinzipien und Best Practices

KAPITEL 11

Kernprinzipien des UX-Designs, die jeder Anfänger kennen sollte (Benutzerfreundlichkeit, Zugänglichkeit, visuelle Hierarchie)

Als UX-Designer legen die Prinzipien, die Sie bei Ihrer Arbeit anwenden, die Grundlage für die Schaffung intuitiver und angenehmer Erlebnisse. Obwohl Design eine Mischung aus Kreativität und Funktionalität ist, leiten bestimmte Grundprinzipien UX-Designer dabei, die Bedürfnisse der Benutzer effektiv zu erfüllen. Drei der wichtigsten Prinzipien im UX-Design sind Benutzerfreundlichkeit, Zugänglichkeit und visuelle Hierarchie. Wenn Sie diese beherrschen, können Sie Designs erstellen, die nicht nur optisch ansprechend, sondern auch intuitiv, inklusiv und wirkungsvoll sind.

1. Benutzerfreundlichkeit: Design intuitiv und benutzerfreundlich gestalten
Benutzerfreundlichkeit ist die Grundlage jeder erfolgreichen Benutzererfahrung. Es bezieht sich darauf, wie effektiv, effizient und zufriedenstellend Benutzer Aufgaben innerhalb eines Produkts erledigen können. Ein benutzerfreundliches Design ermöglicht Benutzern ein frustfreies Navigieren und fördert positive Interaktionen, die zur fortgesetzten Nutzung anregen.

Wichtige Elemente der Benutzerfreundlichkeit:

- **Konsistenz**: Konsistente Layouts, Schriftarten und Aktionen helfen Benutzern, vorherzusagen, was passieren wird, wenn sie mit verschiedenen Teilen Ihres Designs interagieren. Konsistenz minimiert Verwirrung und schafft ein Gefühl der Vertrautheit.

- **Rückmeldung**: Durch sofortiges Feedback erfahren Benutzer, ob eine Aktion erfolgreich war oder ob ein Fehler aufgetreten ist. Beispielsweise bestätigt nach dem Absenden eines Formulars eine „Erfolgsmeldung" den Abschluss, während eine sichtbare Fehlermeldung klare Hinweise zu etwaigen Problemen gibt.

- **Fehlervermeidung und -wiederherstellung**: Effektives Design antizipiert mögliche Fehler und verhindert sie entweder oder bietet einfache Möglichkeiten, sie zu beheben. Optionen zum Rückgängigmachen oder Löschen von Eingabeaufforderungen können verhindern, dass sich Benutzer durch ihre Aktionen gefangen fühlen.

- **Effizienz**: Ein effizientes Design ermöglicht es Benutzern, ihre Aufgaben schnell und ohne unnötige Schritte zu erledigen. Durch die Optimierung der User Journeys durch die Vereinfachung von Formularen oder die Gruppierung verwandter Optionen kann die Benutzerfreundlichkeit erheblich verbessert werden.

Tipps zur Verbesserung der Benutzerfreundlichkeit:
- Testen Sie mit echten Benutzern, um herauszufinden, wo sie Probleme haben.
- Minimieren Sie die Anzahl der Schritte, die zur Erledigung einer Aufgabe erforderlich sind.
- Verwenden Sie klare, beschreibende Etiketten und Anweisungen, um Benutzerfehler zu vermeiden.

2. Barrierefreiheit: Entwerfen für alle Benutzer
Zugänglichkeit In UX bedeutet es, Produkte zu schaffen, die jeder nutzen kann, unabhängig von seinen körperlichen oder kognitiven Fähigkeiten. Barrierefreies Design ist nicht nur

ethisch vertretbar, sondern erweitert auch Ihre potenzielle Nutzerbasis. Barrierefreie Funktionen kommen Benutzern mit Behinderungen zugute und verbessern gleichzeitig die Benutzerfreundlichkeit für alle.

Grundlegende Überlegungen zur Barrierefreiheit:

- **Farbe und Kontrast:** Menschen mit Farbenblindheit oder Sehbehinderung haben möglicherweise Schwierigkeiten, bestimmte Farben zu unterscheiden. Stellen Sie sicher, dass sich der Text gut vom Hintergrund abhebt, und vermeiden Sie die alleinige Verwendung von Farbe, um die Bedeutung zu vermitteln.

- **Textgröße und Lesbarkeit:** Lesbare Textgrößen und Schriftarten machen Inhalte für Benutzer mit Sehbehinderungen zugänglich. Streben Sie eine Größe von mindestens 16 Pixeln für den Fließtext an und vermeiden Sie übermäßig dekorative Schriftarten, die schwer lesbar sein können.

- **Tastaturnavigation:** Einige Benutzer können keine Maus verwenden und sind auf Tastaturen angewiesen. Gestalten Sie Ihre Website oder App so, dass alle interaktiven Elemente nur mit der Tastatur navigiert werden können und markieren Sie die Elemente klar, wenn sie im Fokus sind.

- **Kompatibilität mit Screenreadern:** Screenreader lesen Bildschirminhalte laut vor, was für blinde Benutzer von entscheidender Bedeutung ist. Um die Kompatibilität zu verbessern, stellen Sie sicher, dass Elemente klare Beschriftungen und Beschreibungen haben. Verwenden Sie semantische HTML-Elemente, z <Schaltfläche> für Knöpfe und <h1> für Hauptüberschriften, um Screenreadern dabei zu helfen, Informationen genau zu vermitteln.

Beim Entwerfen auf Barrierefreiheit achten:

- Verwenden Sie beschreibenden Alternativtext für Bilder.
- Stellen Sie sicher, dass interaktive Elemente wie

Schaltflächen groß genug sind, um leicht angetippt zu werden.

- Testen Sie Ihr Design regelmäßig mit Barrierefreiheitstools wie Screenreadern oder Farbkontrastprüfern.

3. Visuelle Hierarchie: Das Auge des Benutzers leiten
Visuelle Hierarchie ist die Organisation von Designelementen, um die Aufmerksamkeit der Benutzer auf die wichtigsten Teile der Benutzeroberfläche zu lenken. Eine effektive visuelle Hierarchie hilft Benutzern, das Layout schnell zu verstehen und leicht zu finden, was sie brauchen. Durch die Manipulation von Größe, Farbe und Positionierung können Designer bestimmte Elemente hervorheben und den Informationsfluss steuern.

Schlüsselkomponenten der visuellen Hierarchie:
- **Größe und Maßstab**: Größere Elemente ziehen natürlich die Aufmerksamkeit auf sich. Verwenden Sie daher die Größe, um wichtige Komponenten wie Überschriften, Schaltflächen oder wichtige Informationen hervorzuheben. Beispielsweise sollte eine auffällige Call-to-Action-Schaltfläche (CTA) größer oder fetter als der umgebende Text hervorstechen.
- **Farbe und Kontrast**: Farben mit hohem Kontrast erregen mehr Aufmerksamkeit. Verwenden Sie sie daher, um wichtige Elemente hervorzuheben. Beispielsweise ist ein heller Knopf vor einem neutralen Hintergrund kaum zu übersehen, während eine gedämpfte Farbe weniger Aufmerksamkeit erregt.
- **Ausrichtung und Gruppierung**: Das nahe Gruppieren verwandter Elemente signalisiert Benutzern, dass sie derselben Kategorie oder Funktion angehören, und schafft so Ordnung. Durch die Ausrichtung von Text und Bildern entsteht ein klareres Erscheinungsbild, das die Lesbarkeit und das Verständnis verbessert.
- **Leerzeichen (negatives Leerzeichen)**: Die effektive Nutzung von Leerzeichen oder Leerraum um Elemente

herum sorgt für visuellen Freiraum, reduziert Unordnung und hilft, wichtige Elemente hervorzuheben. Leerzeichen lenken den Fokus der Benutzer und tragen dazu bei, Bedeutung zu vermitteln, ohne sie zu überfordern.

Anwenden visueller Hierarchie im UX-Design:

- Verwenden Sie kontrastierende Farben für CTAs und wichtige Informationen.
- Richten Sie eine klare typografische Hierarchie ein (z. B. Überschriften, Unterüberschriften, Fließtext).
- Behalten Sie Leerzeichen um die Elemente bei, um eine überfüllte Benutzeroberfläche zu vermeiden.

Alles zusammenfügen: Entwerfen mit Benutzerfreundlichkeit, Zugänglichkeit und visueller Hierarchie

Durch die Ausbalancierung von Benutzerfreundlichkeit, Zugänglichkeit und visueller Hierarchie können Sie Designs erstellen, die nicht nur funktional, sondern auch inklusiv und benutzerfreundlich sind. Ein Formular auf einer Website sollte beispielsweise:

- Leicht zu finden und einfach auszufüllen sein (Benutzerfreundlichkeit),
- Arbeiten für Personen, die Bildschirmleseprogramme und Navigation nur über die Tastatur verwenden (Barrierefreiheit),
- Heben Sie wichtige Felder wie „Name" oder „E-Mail" hervor, indem Sie größeren Text oder hellere Farben verwenden (visuelle Hierarchie).

Jedes Prinzip verstärkt das andere: Barrierefreie Designs sind benutzerfreundlicher und eine starke visuelle Hierarchie verbessert häufig sowohl die Benutzerfreundlichkeit als auch die Zugänglichkeit. Wenn Sie diese Prinzipien im Mittelpunkt Ihres Prozesses behalten, stellen Sie sicher, dass Sie Produkte schaffen, die den Benutzern gute Dienste leisten und positive und nahtlose Interaktionen fördern.

Vorwärts gehen: Aufbau einer Grundlage für effektives Design
Die Beherrschung dieser Prinzipien ist für jeden angehenden UX-Designer von entscheidender Bedeutung. Indem Sie sich auf Benutzerfreundlichkeit, Zugänglichkeit und visuelle Hierarchie konzentrieren, sind Sie gut darauf vorbereitet, digitale Erlebnisse zu schaffen, die den Bedürfnissen der Benutzer entsprechen und ihre Erwartungen übertreffen. Diese Prinzipien dienen als wesentliche Werkzeuge in Ihrem Design-Toolkit und befähigen Sie, jedes Projekt mit Einfühlungsvermögen, Absicht und Klarheit anzugehen.

KAPITEL 12

Barrierefreiheit in UX: Entwerfen für alle

Eine barrierefreie Gestaltung ist von entscheidender Bedeutung, um Benutzererlebnisse zu schaffen, die jeden einbeziehen, unabhängig von seinen physischen, kognitiven oder situativen Einschränkungen. Bei der Barrierefreiheit im UX-Design geht es darum, Barrieren zu beseitigen, damit Menschen aller Fähigkeiten auf Ihr Produkt zugreifen und mit ihm interagieren können. Barrierefreies Design unterstützt nicht nur die Inklusivität, sondern stellt auch die Einhaltung gesetzlicher Standards sicher und erweitert die Reichweite Ihres Publikums. Dieses Kapitel führt Sie durch wesentliche Barrierefreiheitsprinzipien und praktische Schritte, um sicherzustellen, dass Ihre Designs für jedermann nutzbar sind.

1. Barrierefreiheit in UX verstehen

Barrierefreiheit bezieht sich in UX auf die Gestaltung von Schnittstellen, die es Menschen mit Behinderungen ermöglichen, Produkte effektiv zu nutzen und darin zu navigieren. Behinderungen können von visuellen, auditiven, motorischen und kognitiven Beeinträchtigungen bis hin zu vorübergehenden oder situativen Einschränkungen reichen, wie etwa einem gebrochenen Arm oder hellem Sonnenlicht, das die Sichtbarkeit des Bildschirms beeinträchtigt. Indem Sie sich auf Barrierefreiheit konzentrieren, erstellen Sie Designs, die den Bedürfnissen aller Benutzer gerecht werden und sicherstellen, dass sie ein gleichwertiges Erlebnis haben.

Warum Barrierefreiheit wichtig ist:
- **Inklusivität**: Wenn Sie Ihre Designs zugänglich machen, kann jeder Ihr Produkt nutzen und davon profitieren.
- **Erweiterte Reichweite**: Ein barrierefreies Design spricht ein breiteres Publikum an, einschließlich der geschätzten einer Milliarde Menschen weltweit, die mit Behinderungen leben.
- **Einhaltung gesetzlicher Vorschriften**: Barrierefreiheit ist häufig gesetzlich vorgeschrieben, beispielsweise im Americans with Disabilities Act (ADA) in den USA, der barrierefreie digitale Produkte für Unternehmen vorschreibt.

2. Wichtige Barrierefreiheitsprinzipien im UX-Design
Um ein Produkt zugänglich zu machen, sollten Designer einige Grundprinzipien beachten. Diese orientieren sich an den Web Content Accessibility Guidelines (WCAG), einer weltweit anerkannten Reihe von Richtlinien zur Barrierefreiheit digitaler Inhalte.

Spürbar: Benutzer müssen den Inhalt auf dem Bildschirm wahrnehmen können. Dazu gehört, den Text lesbar zu machen, Alternativen für Nicht-Text-Inhalte bereitzustellen und einen angemessenen Farbkontrast sicherzustellen.

- *Beispiel*: Hinzufügen von beschreibendem Alternativtext zu Bildern, damit Screenreader sie sehbehinderten Benutzern beschreiben können.

Bedienbar: Benutzer müssen in der Lage sein, alle Teile der Benutzeroberfläche zu navigieren und zu nutzen, sei es per Maus, Tastatur oder unterstützenden Technologien.

- *Beispiel*: Sicherstellen, dass alle interaktiven Elemente, wie z. B. Schaltflächen, nur über die Tastatur erreicht und aktiviert werden können.

Verständlich: Inhalte sollten leicht verständlich sein, unabhängig von den kognitiven Fähigkeiten des Benutzers.

- *Beispiel*: Klare, prägnante Anweisungen zum Ausfüllen eines Formulars verfassen und übermäßig komplexe Sprache vermeiden.

Robust: Das Design sollte auf verschiedenen Geräten, Browsern und unterstützenden Technologien funktionieren.

- *Beispiel*: Testen Sie Ihr Produkt mit Bildschirmleseprogrammen wie JAWS oder VoiceOver, um die Kompatibilität sicherzustellen.

3. Wichtige Barrierefreiheitspraktiken für UX-Designer

Das Erstellen barrierefreier Designs erfordert die Beachtung spezifischer Details. Im Folgenden finden Sie praktische Schritte, um die Barrierefreiheit in gängigen Entwurfsszenarien sicherzustellen.

Text und Typografie

- Verwenden Sie gut lesbare Schriftarten und geeignete Größen. Streben Sie eine Mindestgröße von 16 Pixeln für den Fließtext an.
- Vermeiden Sie übermäßig dekorative Schriftarten, die für manche Benutzer möglicherweise schwer lesbar sind.
- Sorgen Sie für einen hohen Kontrast zwischen Text und Hintergrund. Tools wie der WCAG Color Contrast Checker können dabei helfen, zu bestätigen, dass Sie die Barrierefreiheitsstandards einhalten.

Farbe und Kontrast

- Verlassen Sie sich nicht allein auf die Farbe, um Informationen zu vermitteln. Verwenden Sie Beschriftungen, Symbole oder Muster, um Elemente zu unterscheiden.
- Achten Sie insbesondere bei Text auf

ausreichenden Farbkontrast. Beispielsweise sorgt schwarzer Text auf weißem Hintergrund oder umgekehrt für eine hervorragende Lesbarkeit.

Bilder und Medien

- Beschreibend hinzufügen *Alle Texte* zu Bildern. Mit diesem Text können Screenreader sehbehinderten Benutzern die Bedeutung des Bildes vermitteln.
- Fügen Sie Untertitel oder Transkripte für Audio- und Videoinhalte hinzu, um sie für Benutzer mit Hörbehinderungen zugänglich zu machen.

Interaktive Elemente und Navigation
- Entwerfen Sie Schaltflächen, Formulare und Links, die einfach über die Tastatur zugänglich sind. Testen Sie jede Funktion nur mit den Tasten „Tab" und „Eingabe", um sicherzustellen, dass sie vollständig zugänglich ist.
- Geben Sie Schaltflächen und interaktiven Elementen klare Beschriftungen an, damit Benutzer ihren Zweck kennen. Vermeiden Sie vage Bezeichnungen wie „Hier klicken" und entscheiden Sie sich für beschreibende Bezeichnungen wie „Senden" oder „Bericht herunterladen".
- Stellen Sie sicher, dass Formulareingaben richtig beschriftet sind, damit Screenreader den Zweck des Formulars klar interpretieren und vermitteln können.

Layouts und Abstände
- Verwenden Sie ausreichend Leerraum, um Unordnung zu vermeiden und die Navigation und das Verständnis Ihres Designs zu erleichtern.
- Gruppieren Sie zusammengehörige Elemente und schaffen Sie so einen logischen Ablauf, der das Verständnis verbessert.

4. Machen Sie Barrierefreiheitstests zu einem Teil Ihres Prozesses

Integrieren Sie Barrierefreiheitsprüfungen in den gesamten Entwurfs- und Entwicklungsprozess, anstatt sie im Nachhinein zu berücksichtigen. Tools zum Testen der Barrierefreiheit können dabei helfen, potenzielle Probleme zu erkennen, bevor Ihr Produkt Benutzer erreicht.

Tools zum Testen der Barrierefreiheit:
- **Welle**: Bietet visuelles Feedback zu Barrierefreiheitsproblemen und hilft bei der Identifizierung von Bereichen, die verbessert werden müssen.
- **Axt**: Eine Browsererweiterung, die auf WCAG-Konformität prüft und Elemente hervorhebt, die nicht den Barrierefreiheitsstandards entsprechen.
- **Farbkontrastprüfer**: Diese Tools stellen sicher, dass Ihr Design die Mindestkontraststandards erfüllt.

Benutzertests auf Barrierefreiheit: Zusätzlich zu automatisierten Tools können Benutzertests mit Menschen mit Behinderungen Erkenntnisse liefern, die automatisierten Tests möglicherweise entgehen. Dieses Feedback aus der Praxis ist von unschätzbarem Wert, um zu verstehen, wie zugänglich Ihr Design wirklich ist.

5. Zugänglichkeit über Geräte und Situationen hinweg
Es ist wichtig, die Zugänglichkeit für Benutzer auf verschiedenen Geräten zu berücksichtigen, einschließlich Desktops, Tablets und Mobilgeräten. Viele Menschen nutzen auch unterstützende Technologien wie Screenreader, Text-to-Speech-Software und Braillezeilen. Durch die Gewährleistung der geräteübergreifenden Kompatibilität ist Ihr Produkt in verschiedenen Umgebungen zugänglich und die Benutzerfreundlichkeit für alle verbessert.

Responsive Design und mobile Zugänglichkeit:
- Nutzen Sie flexible Layouts, die sich an unterschiedliche Bildschirmgrößen anpassen.

- Stellen Sie sicher, dass die Touch-Ziele auf Mobilgeräten groß genug für Benutzer mit eingeschränkter Fingerfertigkeit sind.
- Vereinfachen Sie die Navigation auf kleineren Bildschirmen, da dichte Menüs für einige Benutzer eine Herausforderung darstellen können.

6. Die ethische Verantwortung der Barrierefreiheit

Ein barrierefreies Design spiegelt Empathie und Respekt gegenüber allen Benutzern wider. Ein integratives Design zeigt Ihr Engagement für einen gleichberechtigten Zugang, der von den Benutzern zunehmend geschätzt wird und für verantwortungsvolle Geschäftspraktiken notwendig ist. Bei der Barrierefreiheit geht es nicht nur um die Einhaltung von Standards – es geht auch darum, dem menschenzentrierten Design Priorität einzuräumen und die unterschiedlichen Arten zu erkennen, wie Benutzer mit Ihrem Produkt interagieren.

Ethische Vorteile der Barrierefreiheit:
- **Benutzervertrauen**: Wenn Benutzer das Gefühl haben, dass ihre Bedürfnisse berücksichtigt werden, ist die Wahrscheinlichkeit größer, dass sie Ihrem Produkt vertrauen und es wertschätzen.
- **Soziale Verantwortung**: Ein barrierefreies Design trägt zu einer gerechteren Gesellschaft bei und ermöglicht Menschen aller Fähigkeiten die uneingeschränkte Teilhabe an der digitalen Welt.

Bringen Sie Barrierefreiheit in Ihren UX-Workflow

Wenn Sie Barrierefreiheit zu einem integralen Bestandteil Ihres UX-Prozesses machen, stellen Sie sicher, dass Inklusivität in Ihren Designs zur zweiten Natur wird. Machen Sie sich zunächst mit den WCAG-Standards vertraut, übernehmen Sie barrierefreie Designpraktiken und testen Sie Ihre Designs regelmäßig sowohl mit automatisierten Tools als auch mit echten Benutzern. Mit zunehmender Erfahrung wird Barrierefreiheit zu einem natürlichen Aspekt Ihres

Designansatzes und ermöglicht Ihnen die Entwicklung von Produkten, die wirklich jedem dienen.

Indem Sie beim Entwerfen auf Barrierefreiheit achten, leisten Sie einen wichtigen Beitrag zur Schaffung einer Welt, in der digitale Erlebnisse für alle offen und inklusiv sind. Barrierefreiheit ist nicht nur eine Designüberlegung, sondern eine Verpflichtung zum Aufbau einer integrativeren digitalen Landschaft.

KAPITEL 13

Fallstudien: Lehren aus echten UX-Projekten

Fallstudien bieten unschätzbare Einblicke in die Anwendung von UX-Prinzipien und -Strategien in realen Szenarien. Jedes Projekt hat einzigartige Herausforderungen, Ziele und Einschränkungen und bietet vielfältige Lernmöglichkeiten. In diesem Kapitel untersuchen wir drei Fallstudien erfolgreicher UX-Projekte, die eine Reihe von Branchen, Zielgruppen und Designherausforderungen abdecken. Diese Beispiele verdeutlichen, wie durchdachtes UX-Design nicht nur unmittelbare Benutzerbedürfnisse erfüllt, sondern auch zum Geschäftswachstum, zur Benutzerzufriedenheit und zum langfristigen Engagement beiträgt.

Fallstudie 1: Verbesserung der E-Commerce-Benutzererfahrung für einen Modehändler

Hintergrund: Ein Online-Modehändler stellte trotz starkem anfänglichen Website-Verkehr eine hohe Warenkorbabbruchrate und eine geringe Kundenbindung fest. Das Unternehmen wollte das Benutzererlebnis neu gestalten, um die Conversions zu steigern und die Kundenbindung zu stärken.

Herausforderung: Die bestehende Website war optisch ansprechend, hatte jedoch Probleme mit der Benutzerfreundlichkeit, die zu Frustrationen führten, insbesondere während des Bezahlvorgangs. Benutzer berichteten von Verwirrung beim Navigieren in Produktkategorien, Schwierigkeiten beim Auffinden wichtiger Produktinformationen und einem langwierigen, umständlichen Checkout-Prozess.

UX-Ansatz:

1. **Benutzerforschung**: Das UX-Team führte Interviews und Umfragen mit bestehenden und potenziellen Kunden durch. Sie identifizierten die wichtigsten Schwachstellen: komplexe Navigation, fehlende Produktfilter und zu viele Schritte zum Abschluss eines Kaufs.
2. **Persona-Entwicklung**: Basierend auf Recherchen erstellte das Team Benutzerpersönlichkeiten, die verschiedene Käufertypen repräsentieren – Schnäppchenjäger, stilbewusste Käufer und vielbeschäftigte Berufstätige – jeder mit einzigartigen Bedürfnissen und Verhaltensweisen.
3. **Neugestaltung und Prototyping**: Das Team hat die Navigation auf der Website optimiert und umfassende Filteroptionen für eine schnellere Produktsuche hinzugefügt. Sie vereinfachten den Bestellvorgang und reduzierten ihn auf drei Hauptschritte: Überprüfung des Warenkorbs, Zahlungsinformationen und Bestellbestätigung.
4. **Usability-Tests**: Der Prototyp wurde mit einer Stichprobengruppe getestet, die die Benutzerpersönlichkeiten repräsentierte, und das Feedback zeigte eine verbesserte Benutzerfreundlichkeit und Zufriedenheit mit den Änderungen.

Ergebnis: Nach der Umsetzung des Redesigns verzeichnete der Einzelhändler einen Rückgang der Warenkorbabbrüche um 30

% und einen Anstieg der Stammkunden um 25 %. Dieser Fall verdeutlicht, wie wichtig es ist, die Schwachstellen der Benutzer zu verstehen, das Design auf Einfachheit auszurichten und basierend auf dem Feedback der Benutzer kontinuierlich zu verfeinern.

Schlüssellektion: Die Priorisierung einer einfachen Navigation und eines optimierten Checkout-Prozesses kann sich direkt auf die Konversionsraten und die Kundenbindung im E-Commerce auswirken.

Fallstudie 2: Neugestaltung einer Gesundheits-App für besseres Engagement und Compliance

Hintergrund: Ein Gesundheitstechnologieunternehmen hat eine mobile App entwickelt, die Benutzern bei der Bewältigung chronischer Erkrankungen hilft, indem sie Symptome, Medikamente und Lebensstilentscheidungen verfolgt. Allerdings hatte die App Probleme mit der Benutzerinteraktion und viele Benutzer gaben sie nach den ersten paar Anwendungen wieder auf.

Herausforderung: Benutzer empfanden die Navigation in der App als schwierig und vermittelten kein Gefühl von Fortschritt oder Motivation. Darüber hinaus fehlten der App Anpassungsoptionen, was es für Benutzer mit unterschiedlichen Erkrankungen schwierig machte, relevante Informationen und Tools zu finden.

UX-Ansatz:

1. **Empathie-Mapping**: Um die emotionalen Reisen der Benutzer genau zu verstehen, hat das UX-Team Empathiekarten entwickelt, die die täglichen Erfahrungen der Benutzer im Umgang mit ihrer Gesundheit widerspiegeln.
2. **Funktionspriorisierung**: Durch die Identifizierung

der wichtigsten Benutzeraufgaben, wie Medikamentenerinnerungen und Symptomverfolgung, reduzierte das Team die Unordnung und optimierte das Haupt-Dashboard für einen einfachen Zugriff auf wichtige Funktionen.

3. **Gamification-Elemente**: Das Team hat Gamification integriert, um die regelmäßige Nutzung zu fördern, beispielsweise einen täglichen Streak-Zähler für eine konsistente Protokollierung und Abzeichen für das Erreichen von Gesundheitsmeilensteinen.

4. **Verbesserungen der Barrierefreiheit**: In Anbetracht der Tatsache, dass einige Benutzer möglicherweise Sehbehinderungen oder eingeschränkte Fingerfertigkeit haben, umfasste das Design größere Textoptionen, eine vereinfachte Navigation und Unterstützung für Bildschirmleseprogramme.

Ergebnis: Die neu gestaltete App erzielte einen Anstieg der täglich aktiven Nutzer um 40 % und verzeichnete eine höhere Interaktion mit Kernfunktionen wie Symptomverfolgung und Medikamentenerinnerungen. Benutzer berichteten, dass sie sich motivierter fühlten, ihre Daten zu protokollieren, und dass sich dadurch die Einhaltung der Gesundheitsvorschriften verbesserte.

Schlüssellektion: Im gesundheitsbezogenen UX sind die Vereinfachung von Aufgabenabläufen, die Einbeziehung von Motivationselementen und die Gewährleistung der Zugänglichkeit von entscheidender Bedeutung, um das Engagement der Benutzer aufrechtzuerhalten und die Ergebnisse zu verbessern.

Fallstudie 3: Verbesserung der UX einer Banking-App für ein alterndes Publikum

Hintergrund: Eine Bank stellte fest, dass ihre mobile App-Nutzung bei älteren Kunden besonders gering war, die über

Frustration über die Komplexität der App berichteten. Ziel war es, die App für ältere Benutzer intuitiver zu gestalten, die oft weniger technisch versiert sind und andere Anforderungen an die Barrierefreiheit haben.

Herausforderung: Die App hatte kleinen, dichten Text, Symbole, die nicht allgemein erkennbar waren, und eine Fülle von Funktionen, die die Navigation überfordernd machten. Darüber hinaus hatten viele Benutzer mit Sicherheitsfunktionen wie der Zwei-Faktor-Authentifizierung (2FA) zu kämpfen, deren Einrichtung und Verwendung eine Herausforderung darstellte.

UX-Ansatz:

1. **Benutzerinterviews mit älteren Kunden**: Das UX-Team führte Einzelgespräche mit älteren Kunden, um deren spezifische Bedürfnisse, Bedenken und typische Verhaltensweisen bei der Nutzung von Digital Banking zu verstehen.

2. **Vereinfachte Navigation und Design**: Es wurde ein „vereinfachter Modus" eingeführt, der größeren Text, gut lesbare Schriftarten, kontrastreiche Farben und klare Beschriftungen bietet. Die Symbole wurden zur besseren Erkennung neu gestaltet und das Haupt-Dashboard wurde vereinfacht, um nur die am häufigsten verwendeten Funktionen (Kontostandsprüfung, Überweisung und Zahlung) anzuzeigen.

3. **Optimierte Sicherheit**: Das Team arbeitete mit Entwicklern zusammen, um eine einfachere Authentifizierungsmethode wie die biometrische Anmeldung einzuführen, die die Notwendigkeit einer komplexen Passworteingabe überflüssig macht.

4. **Barrierefreiheitstests**: Der Prototyp wurde mit älteren Benutzern getestet, um Benutzerfreundlichkeit und Zugänglichkeit sicherzustellen, und auf der Grundlage

ihres Feedbacks wurden weitere Verbesserungen vorgenommen.

Ergebnis: Die Bank verzeichnete einen Anstieg der App-Nutzung bei Kunden ab 60 Jahren um 50 % sowie einen Rückgang der Kundendienstanrufe im Zusammenhang mit der App-Navigation um 70 %. Diese positive Resonanz zeigte, dass ein auf Barrierefreiheit und Einfachheit ausgerichtetes Design einen dramatischen Unterschied bei der Benutzereinbindung bewirken kann, insbesondere bei älteren Zielgruppen.

Schlüssellektion: Wenn Sie für ein älteres Publikum entwerfen, legen Sie Wert auf Klarheit, Zugänglichkeit und einfache Navigation, um ein umfassenderes, benutzerfreundlicheres Erlebnis zu schaffen.

Erkenntnisse und Erkenntnisse aus den Fallstudien
Diese Fallstudien unterstreichen mehrere entscheidende Aspekte eines erfolgreichen UX-Designs:

- **Benutzerzentriertes Design**: Jedes Projekt begann mit einem tiefen Verständnis der Benutzer, sei es durch Interviews, Personas oder Empathie-Mapping. Die Kenntnis der Benutzerbasis ist für die Bereitstellung eines Produkts, das ihren Anforderungen wirklich entspricht, von grundlegender Bedeutung.
- **Iteratives Testen**: In jedem Fall waren Prototyping und Tests erforderlich, sodass Designer Lösungen basierend auf echtem Benutzerfeedback verfeinern konnten. Dieser iterative Ansatz trug dazu bei, potenzielle Schwachstellen frühzeitig zu erkennen und stellte sicher, dass die Endprodukte benutzerfreundlich und effektiv waren.
- **Einfachheit und Zugänglichkeit**: Die Reduzierung der Komplexität, die Priorisierung wesentlicher Funktionen und die Zugänglichkeit von Designs führten zu einer insgesamt besseren Benutzerfreundlichkeit. Barrierefreies Design erfüllt nicht nur die Bedürfnisse verschiedener

Benutzergruppen, sondern kommt oft allen Benutzern zugute.

- **Anpassung und Personalisierung**: Die Bereitstellung von Optionen, mit denen Benutzer ihre Erfahrung anpassen oder relevante Funktionen anzeigen können, schafft ein Gefühl der Kontrolle und Zufriedenheit, wie sich sowohl in der Neugestaltung der Gesundheits- als auch der Banking-App zeigt.

Wenden Sie Lehren aus echten UX-Projekten auf Ihre eigene Arbeit an

Nutzen Sie im weiteren Verlauf Ihrer UX-Karriere die Prinzipien dieser Fallstudien. Betonen Sie benutzerzentriertes Design, bauen Sie durch Recherche ein Verständnis für Ihre Benutzer auf und verpflichten Sie sich zu iterativen Tests. Bedenken Sie, dass Zugänglichkeit, Einfachheit und klare Navigation allgemein vorteilhafte Designelemente sind. Auch wenn Ihr Publikum nicht so spezialisiert ist wie in diesen Fällen, werden Ihnen diese Prinzipien dabei helfen, intuitive, effektive Designs zu erstellen, die echten Bedürfnissen entsprechen.

Fallstudien wie diese bieten nicht nur Einblicke, sondern auch Inspiration, um UX-Herausforderungen kreativ und einfühlsam anzugehen. Je mehr Sie sich mit Beispielen aus der Praxis auseinandersetzen, desto besser können Sie Ihre Projekte mit praktischen Strategien angehen, die zu einem sinnvollen, wirkungsvollen Design führen.

TEIL 4

Entwickeln Sie praktische
Fähigkeiten und bauen Sie
Ihr Portfolio auf

KAPITEL 14

Effektive Kommunikation im UX-Design: Visuelle und verbale Fähigkeiten

Kommunikation ist das Herzstück des UX-Designs. Als UX-Designer besteht Ihre Aufgabe darin, die Lücke zwischen Benutzern und Technologie zu schließen und ein Erlebnis zu schaffen, das sich natürlich und intuitiv anfühlt. Dies erfordert mehr als nur technische Fähigkeiten; Es erfordert die Fähigkeit, sowohl visuell als auch verbal effektiv zu kommunizieren. In diesem Kapitel untersuchen wir die Bedeutung dieser Fähigkeiten und wie Sie sie anwenden können, um Ideen zu vermitteln, mit Teams zusammenzuarbeiten und Benutzererlebnisse zu entwerfen, die direkt auf die Bedürfnisse Ihrer Zielgruppe eingehen.

1. Die Rolle der visuellen Kommunikation im UX-Design

Bei der visuellen Kommunikation in UX geht es darum, Benutzer auf eine natürliche und mühelose Weise durch ein Erlebnis zu führen. Durch die Beherrschung der visuellen Hierarchie, Ausgewogenheit und des Flusses stellen Sie sicher, dass Benutzer Informationen schnell verstehen, sicher Entscheidungen treffen und nahtlos navigieren können.

Schlüsselaspekte der visuellen Kommunikation:

- **Hierarchie und Layout**: Visuelle Hierarchie ist

die Anordnung von Elementen, um ihre Wichtigkeit anzuzeigen. Beispielsweise erregen größere oder mutigere Elemente zuerst die Aufmerksamkeit des Benutzers. Ein effektives Layout lenkt den Blick des Benutzers auf seine Ziele und macht es ihm leicht, das Gesuchte zu finden, ohne sich überfordert zu fühlen.

- **Konsistenz**: Einheitliches Design – sei es in Schriftarten, Farben oder Layout – hilft Benutzern, Muster zu erkennen und effizienter zu navigieren. Wenn Benutzer auf konsistente Designelemente stoßen, verstehen sie intuitiv, welche Maßnahmen sie ergreifen müssen, wodurch die kognitive Belastung reduziert wird.

- **Einfachheit**: Visuelle Klarheit ist unerlässlich. Das Entfernen unnötiger Elemente aus einem Design verhindert Unordnung und ermöglicht es, sich auf das Wesentliche zu konzentrieren. Gutes UX-Design legt Wert auf Einfachheit, um die Interaktion unkompliziert und zufriedenstellend zu gestalten.

2. Verbale Kommunikation: Ideen klar vermitteln

Die verbale Kommunikation ist im UX-Design ebenso wichtig. Ob Sie Ihre Ideen einem Team erläutern oder Texte innerhalb der Benutzeroberfläche erstellen, Klarheit und Präzision sind von größter Bedeutung. Durch eine effektive verbale Kommunikation fühlen sich Benutzer verstanden und erhalten wichtige Orientierungshilfen.

Schlüsselaspekte der verbalen Kommunikation:

- **Klare und prägnante Sprache**: Benutzer möchten sich nicht durch komplexe Fachsprache wühlen. Wenn Sie für Schnittstellen, Beschriftungen oder Anweisungen schreiben, legen Sie stets Wert auf Klarheit. Verwenden Sie eine einfache, direkte Sprache, die zum eigenen Wortschatz des Benutzers passt.

- **Ton und Stimme**: Der Ton und die Stimme

beim UX-Schreiben helfen dabei, eine Verbindung zu den Benutzern aufzubauen. Beispielsweise könnte eine Banking-App einen professionellen und beruhigenden Ton annehmen, während eine Fitness-App eine optimistischere und motivierendere Stimme wählen könnte. Ein maßgeschneiderter Ton schafft Vertrauen und stärkt die Markenidentität.

- **Mikroskopie**: Mikrokopie bezieht sich auf die kleinen Textteile, die Benutzer durch eine Benutzeroberfläche führen, z. B. Schaltflächenbeschriftungen, Fehlermeldungen und Tooltips. Eine gut gemachte Mikrokopie kann Benutzerfehlern vorbeugen, Aktionen verdeutlichen und sogar das Erlebnis angenehmer machen, indem sie einen freundlichen oder hilfreichen Ton hinzufügt.

3. Zusammenarbeit und Kommunikation mit Teams

UX-Designer arbeiten oft als Teil eines Teams, dem Entwickler, Produktmanager, Marketingspezialisten und Stakeholder angehören können. Effektive Kommunikationsfähigkeiten helfen Ihnen, die Gründe für Designentscheidungen zu vermitteln, Feedback einzuholen und sich auf Projektziele auszurichten.

Strategien für eine effektive Teamkommunikation:

- **Präsentieren Sie Ihre Arbeit**: Erklären Sie Ihre Designentscheidungen auf eine Weise, die mit den Geschäftszielen und Benutzeranforderungen übereinstimmt. Teilen Sie mit, wie jedes Element zur Lösung von Benutzerproblemen beiträgt, und bitten Sie um spezifisches Feedback, um die Klarheit und Ausrichtung zu verbessern.
- **Verwendung von Bildern zur Kommunikation von Ideen**: Wireframes, Prototypen und Journey Maps sind von unschätzbarem Wert, um Ihre Ideen Teammitgliedern zu

erklären, die möglicherweise nicht mit Designkonzepten vertraut sind. Visuals helfen jedem, den beabsichtigten Benutzerfluss zu verstehen und bieten einen greifbaren Bezugspunkt für Feedback.

- **Feedback geben und empfangen**: Konstruktives Feedback ist für die Verfeinerung Ihrer Designs unerlässlich. Seien Sie offen für Eingaben und formulieren Sie stets Feedback im Hinblick auf die Verbesserung der Benutzererfahrung. Konzentrieren Sie sich bei der Bereitstellung von Feedback auf spezifische, umsetzbare Punkte und nicht auf allgemeine Meinungen.

4. Kommunikationsfähigkeiten mit Benutzern: Der Wert von Benutzerfeedback

Das Sammeln von Benutzerfeedback ist ein zentraler Aspekt des UX-Designs und ermöglicht es Ihnen, das Produkt basierend auf realen Eingaben kontinuierlich zu verfeinern und zu verbessern. Ihre Kommunikation mit Benutzern sollte respektvoll und offen sein und sich wirklich darauf konzentrieren, ihre Bedürfnisse und Schwachstellen zu verstehen.

Methoden für eine effektive Benutzerkommunikation:

- **Benutzerinterviews und Umfragen**: Die Durchführung von Interviews oder Umfragen mit echten Nutzern liefert wertvolle Einblicke in deren Erfahrungen. Gehen Sie empathisch an diese Gespräche heran und stellen Sie offene Fragen, um ehrliche Antworten zu fördern.
- **Klare Anweisungen und Usability-Tests**: Geben Sie den Benutzern beim Testen eines Prototyps klare Anweisungen, was sie tun sollen. Ermutigen Sie sie, während des Prozesses laut zu denken, und geben Sie Einblick in ihre Denkmuster und Reaktionen.
- **Iterieren basierend auf Feedback**: Nachdem Sie Feedback gesammelt haben, identifizieren Sie gemeinsame Themen und Schwachstellen, die im Design angegangen

werden können. Durch die Iteration auf der Grundlage von Benutzerfeedback wird sichergestellt, dass Ihr Design auf den tatsächlichen Benutzerbedürfnissen basiert und so ein relevanteres und effektiveres Erlebnis entsteht.

5. Praktische Tipps zur Verbesserung der Kommunikationsfähigkeiten in UX

Die Entwicklung effektiver Kommunikationsfähigkeiten ist ein Prozess, aber es gibt praktische Möglichkeiten, sowohl Ihre visuellen als auch Ihre verbalen Fähigkeiten zu stärken:

- **Üben Sie das Skizzieren und Wireframing**: Schnelle Skizzen oder Wireframes sind leistungsstarke Werkzeuge zur visuellen Kommunikation von Ideen. Üben Sie die Erstellung von Wireframes, um Ihr Designdenken zu verdeutlichen, bevor Sie zu hochpräzisen Prototypen übergehen.

- **Studieren Sie die Prinzipien des UX-Schreibens**: UX-Schreiben ist eine Fähigkeit, die verbessert werden kann. Machen Sie sich mit den Prinzipien klarer, benutzerfreundlicher Schrift vertraut, indem Sie gut gestaltete Benutzeroberflächen analysieren und beobachten, wie andere Designer ihre Worte gestalten.

- **Machen Sie sich mit Präsentationen vertraut**: Öffentliche Reden und Präsentationen gehören zu den meisten Designkarrieren. Üben Sie, anderen Ihre Entwürfe auf einfache und überzeugende Weise zu erklären. Erwägen Sie den Beitritt zu einer öffentlichen Redegruppe oder die Teilnahme an Workshops, um Selbstvertrauen aufzubauen.

Effektive Kommunikation ist das Rückgrat des UX-Designs. Durch die Beherrschung visueller und verbaler Fähigkeiten können Sie Benutzeroberflächen erstellen, die sowohl visuell intuitiv als auch verbal klar sind und Benutzer nahtlos durch ihre Reise führen. Ihre Kommunikationsfähigkeit verbessert auch die Zusammenarbeit und ermöglicht es

Ihnen, verschiedene Perspektiven zusammenzubringen, um eine einheitliche Designvision zu schaffen. Wenn Sie diese Fähigkeiten verfeinern, werden Sie feststellen, dass Ihre Designs nicht nur benutzerzentrierter, sondern auch besser auf die Ziele aller Beteiligten ausgerichtet sind – vom Benutzer bis zum Stakeholder.

KAPITEL 15

Erstellen Sie ein überzeugendes UX/UI-Portfolio: Präsentieren Sie Ihre Arbeit

Ihr UX/UI-Portfolio ist mehr als nur ein Schaufenster Ihrer Fähigkeiten – es ist Ihre berufliche Geschichte, ein visueller Lebenslauf, der vermittelt, wer Sie als Designer sind und welche einzigartigen Qualitäten Sie mitbringen. Unabhängig davon, ob Sie gerade erst mit UX/UI beginnen oder bereits Erfahrung haben, kann ein gut gestaltetes Portfolio Sie in einem Wettbewerbsumfeld hervorheben. In diesem Kapitel behandeln wir die Grundlagen zum Aufbau eines überzeugenden Portfolios, einschließlich der darin enthaltenen Informationen, der Präsentation Ihrer Arbeit und Tipps, wie Sie bei potenziellen Arbeitgebern und Kunden einen wirkungsvollen Eindruck hinterlassen.

1. Warum ein Portfolio wichtig ist

Ein starkes UX/UI-Portfolio ist von entscheidender Bedeutung, da es Ihr Designdenken, Ihre Fähigkeiten zur Problemlösung und Ihre Kreativität auf greifbare Weise demonstriert. Im Gegensatz zu einem Lebenslauf oder einem LinkedIn-Profil ermöglicht Ihr Portfolio potenziellen Arbeitgebern und Kunden, Ihren Ansatz für benutzerzentriertes Design direkt zu erleben und zu sehen, wie Sie Herausforderungen bewältigen und sinnvolle Lösungen schaffen.

Ein tolles Portfolio:

- **Präsentiert Ihren Prozess**: Arbeitgeber möchten mehr als nur endgültige Bildschirme oder ausgefeilte Bilder sehen – sie möchten verstehen, wie Sie an jedes Projekt herangegangen sind, welchen Herausforderungen Sie gegenüberstanden und welche Lösungen Sie entwickelt haben.
- **Zeigt Ihre Fähigkeiten**: Ein Portfolio bietet die Möglichkeit, eine Reihe von Fähigkeiten hervorzuheben, darunter Benutzerforschung, Wireframing, Prototyping, visuelles Design und Usability-Tests.
- **Erzählt Ihre Geschichte**: Ein durchdachtes Portfolio enthüllt Ihren beruflichen Werdegang und zeigt, wie sich Ihre Fähigkeiten im Laufe der Zeit entwickelt haben und was Sie als Designer einzigartig macht.

2. Wesentliche Elemente eines UX/UI-Portfolios

Konzentrieren Sie sich beim Aufbau Ihres Portfolios auf diese Schlüsselkomponenten, um sicherzustellen, dass es ein klares und umfassendes Bild Ihrer Fähigkeiten vermittelt:

- **Fallstudien**: Fallstudien bilden den Kern jedes UX/UI-Portfolios. Eine gut strukturierte Fallstudie sollte den Betrachter durch den gesamten Designprozess führen, von der Identifizierung des Problems über die Untersuchung der Benutzerbedürfnisse bis hin zur Erstellung von Lösungen und dem Testen von Prototypen. Versuchen Sie, drei bis fünf aussagekräftige Fallstudien einzubeziehen, die eine Vielzahl von Projekten vorstellen.
- **Rolle und Verantwortlichkeiten**: Beschreiben Sie klar Ihre Rolle in jedem Projekt, insbesondere wenn Sie als Teil eines Teams gearbeitet haben. Geben Sie an, für welche Aspekte des Projekts Sie verantwortlich waren, z. B. Benutzerforschung, visuelles Design oder

Interaktionsdesign.

- **Problemstellung und Ziele**: Beginnen Sie für jede Fallstudie mit einer Problemstellung, um den Kontext und Zweck des Projekts zu erläutern. Geben Sie die Designziele klar an, damit die Betrachter die Richtung und den Schwerpunkt Ihrer Arbeit besser verstehen.

- **Prozess und Methoden**: Beschreiben Sie detailliert Ihren Designprozess und die von Ihnen verwendeten Methoden, z. B. Benutzerinterviews, Umfragen, Journey Mapping, Wireframing, Prototyping und Usability-Tests. Dies hilft potenziellen Arbeitgebern, Ihren Ansatz und Ihr Engagement für benutzerzentriertes Design zu erkennen.

- **Ergebnisse und Reflexionen**: Beenden Sie nicht nur den endgültigen Entwurf, sondern präsentieren Sie die Ergebnisse. Fügen Sie nach Möglichkeit Metriken oder Feedback hinzu, die die Wirksamkeit Ihres Designs belegen. Denken Sie darüber nach, was Sie gelernt haben und wie Sie die Dinge in zukünftigen Projekten anders angehen könnten.

3. Strukturierung einer Fallstudie

Eine klare, gut organisierte Fallstudienstruktur erleichtert es den Zuschauern, Ihren Prozess zu verfolgen und Ihre Arbeit zu verstehen. Hier ist eine allgemeine Struktur für UX/UI-Fallstudien:

1. **Einführung**: Stellen Sie kurz das Projekt, den Kunden oder die Organisation (falls zutreffend) und die gesamte Designherausforderung vor.
2. **Problemstellung**: Beschreiben Sie das Benutzerproblem, das Sie lösen wollten, und warum es von Bedeutung war.
3. **Forschung und Erkenntnisse**: Fassen Sie Ihren Forschungsprozess, Ihre Ergebnisse und alle Erkenntnisse zusammen, die Sie aus der

Benutzerforschung gewonnen haben.

4. **Ideenfindung und Prototyping**: Zeigen Sie, wie Sie Ideen generiert, verfeinert und Prototypen gebaut haben. Fügen Sie Wireframes, Skizzen oder Modelle hinzu, um Ihren Prozess zu veranschaulichen.

5. **Designlösung**: Präsentieren Sie Ihren endgültigen Entwurf und erläutern Sie, wie er das Problem angeht. Heben Sie die Hauptfunktionen und Benutzerabläufe hervor.

6. **Usability-Tests und Iteration**: Beschreiben Sie alle von Ihnen durchgeführten Tests und alle auf dem Feedback basierenden Iterationen. Erklären Sie, wie das Feedback der Benutzer Ihre endgültigen Designentscheidungen beeinflusst hat.

7. **Ergebnis**: Schließen Sie mit den Ergebnissen ab, einschließlich der Kennzahlen (sofern verfügbar), und reflektieren Sie über das Gelernte.

4. Auswahl der richtigen Projekte

Achten Sie bei der Auswahl der einzubeziehenden Projekte auf Vielfalt und Relevanz. Wählen Sie Projekte aus, die die Art der Arbeit widerspiegeln, die Sie verfolgen möchten. Wenn Sie beispielsweise nach einem Job im E-Commerce-Design suchen, schließen Sie Projekte ein, die Ihre Erfahrung beim Aufbau nahtloser, benutzerfreundlicher Einkaufserlebnisse unter Beweis stellen.

Einzuschließende Projekttypen:

- **Projekte aus der realen Welt**: Dies können Arbeiten sein, die Sie für Kunden, Praktika oder freiberufliche Tätigkeiten erledigt haben. Reale Projekte zeigen, dass Sie innerhalb von Einschränkungen und Fristen arbeiten und Arbeiten erstellen können, die den tatsächlichen Benutzer- und Geschäftsanforderungen entsprechen.

- **Persönliche Projekte**: Wenn Sie neu bei UX/UI sind oder eine bestimmte Fähigkeit hervorheben möchten, können persönliche Projekte wertvoll sein. Damit können Sie Ihre Leidenschaft für Design unter Beweis stellen und zeigen, wie Sie selbstständig Probleme angehen.

- **Neugestaltungen**: Redesign-Projekte – bei denen Sie ein bestehendes Produkt oder eine Website nehmen und es neu gestalten – können eine gute Möglichkeit sein, Ihre Fähigkeiten unter Beweis zu stellen, insbesondere wenn Sie nicht viel Erfahrung in der Praxis haben.

5. Präsentation Ihres Portfolios: Digitale Plattformen und Formate

Heutzutage entscheiden sich die meisten UX/UI-Designer für digitale Portfolios, da diese leicht zugänglich sind und eine interaktive Präsentation Ihrer Arbeit ermöglichen. Zu den gängigen Plattformen gehören:

- **Website-Portfolios**: Der Aufbau einer persönlichen Website mit Tools wie WordPress, Wix oder Squarespace ermöglicht ein vollständig individuelles Portfolio. Eine persönliche Website verschafft Ihnen außerdem einen professionellen Vorsprung und kann Ihre visuellen Designfähigkeiten unter Beweis stellen.
- **Portfolio-Plattformen**: Plattformen wie Behance, Dribbble und Adobe Portfolio bieten einfache Möglichkeiten zum Erstellen und Teilen von Portfolios, ohne dass Programmierkenntnisse oder umfangreiche Einrichtung erforderlich sind.
- **PDF-Portfolios**: PDF-Portfolios sind zwar weniger interaktiv, können aber dennoch effektiv sein, insbesondere für Interviews oder als herunterladbare Anhänge. Stellen Sie sicher, dass Ihre PDF-Datei gut organisiert, leicht zu navigieren und sowohl für die Desktop- als auch für die mobile Anzeige optimiert ist.

6. Design-Tipps für ein ausgefeiltes Portfolio

Ein attraktives und benutzerfreundliches Portfolio-Layout kann Ihrer Arbeit Glanz verleihen. Hier ein paar Tipps für die Erstellung eines optisch ansprechenden Portfolios:

- **Konsistenz**: Behalten Sie in Ihrem gesamten Portfolio einen einheitlichen visuellen Stil bei. Verwenden Sie dieselben Schriftarten, Farben und Layoutstrukturen, um ein zusammenhängendes Erscheinungsbild zu erzielen.
- **Betonen Sie wichtige Informationen**: Heben Sie wichtige Details hervor, z. B. Ihre Rolle, Herausforderungen und Ergebnisse. Verwenden Sie Überschriften, Aufzählungspunkte und visuelle Elemente, um die Aufmerksamkeit des Lesers zu lenken.
- **Verwenden Sie hochwertige Bilder**: Fügen Sie gestochen scharfe, hochauflösende Bilder Ihrer Designs hinzu. Wenn Sie digitale Prototypen oder interaktive Elemente zeigen, sollten Sie die Verwendung von GIFs oder Videoausschnitten in Betracht ziehen.
- **Weniger ist mehr**: Vermeiden Sie Unordnung. Lassen Sie jedes Projekt für sich stehen und geben Sie ihm ausreichend Platz auf der Seite. Ein klares, minimalistisches Layout kann Ihr Portfolio professioneller aussehen lassen und die Navigation erleichtern.

7. Passen Sie Ihr Portfolio an verschiedene Gelegenheiten an

Nicht alle Möglichkeiten erfordern den gleichen Ansatz zur Präsentation Ihrer Arbeit. Passen Sie Ihr Portfolio an den spezifischen Job oder Kunden an, den Sie verfolgen. Zum Beispiel:

- **Für Bewerbungen**: Heben Sie Projekte hervor, die für die Stelle, auf die Sie sich bewerben, relevant sind. Wenn sich eine Stelle auf Benutzerforschung konzentriert, sollten Sie erwägen, zusätzliche Details zu den Forschungsmethoden und Erkenntnissen aus Ihren Fallstudien hinzuzufügen.

- **Für freiberufliche Kunden**: Präsentieren Sie eine Vielzahl von Projekten, um Vielseitigkeit zu demonstrieren. Wenn Sie Erfahrung in der Zusammenarbeit mit Unternehmen unterschiedlicher Größe haben, betonen Sie dies, denn es zeigt Anpassungsfähigkeit.

- **Für bestimmte Branchen**: Wenn Sie sich für eine Stelle in einer spezialisierten Branche bewerben (z. B. Gesundheitswesen oder E-Commerce), schließen Sie Projekte mit Bezug zu diesem Bereich ein, um Ihre Vertrautheit mit branchenspezifischen Herausforderungen zu zeigen.

Die Erstellung eines überzeugenden UX/UI-Portfolios ist ein fortlaufender Prozess und keine einmalige Aufgabe. Wenn Sie mehr Erfahrung und Fähigkeiten sammeln, aktualisieren Sie Ihr Portfolio regelmäßig mit neuen Projekten und verfeinern Sie bestehende Fallstudien. Betrachten Sie es als ein lebendiges Dokument, das Ihr Wachstum widerspiegelt und die Entwicklung Ihrer Designfähigkeiten und Ihres beruflichen Werdegangs aufzeigt.

Ein gut gestaltetes Portfolio kann Türen zu neuen Möglichkeiten öffnen, als Stolz auf Ihre Karriere dienen und als Inspirationsquelle für andere im UX/UI-Bereich dienen. Lassen Sie Ihr Portfolio im weiteren Verlauf ein Beweis für Ihr Engagement sein, echte Probleme zu lösen, sinnvolle Erfahrungen zu schaffen und kontinuierlich in der sich ständig weiterentwickelnden Welt des UX/UI-Designs zu lernen.

KAPITEL 16

Wichtige Tools und Ressourcen für UX-Designer (Forschung, Wireframing, Prototyping-Tools)

Die Welt des UX-Designs ist riesig und die richtigen Tools und Ressourcen sind unerlässlich, um qualitativ hochwertige, benutzerzentrierte Designs effizient zu liefern. Von der Durchführung von Benutzerrecherchen bis zur Erstellung detaillierter Prototypen kann jede Phase des UX-Prozesses von speziellen Tools profitieren, die Ihre Arbeit rationalisieren und verbessern. In diesem Kapitel behandeln wir die wesentlichen Tools für Forschung, Wireframing und Prototyping sowie einige Ressourcen, die Ihnen helfen, auf dem Laufenden zu bleiben und Ihre Fähigkeiten kontinuierlich zu verbessern.

1. Recherchetools: Den Benutzer verstehen

Benutzerforschung ist die Grundlage des UX-Designs. Es liefert Erkenntnisse, die Designentscheidungen leiten und sicherstellen, dass Produkte den tatsächlichen Bedürfnissen der Benutzer entsprechen. Effektive Forschungstools helfen Designern beim Sammeln, Analysieren und Interpretieren von Daten und ermöglichen so ein tieferes Verständnis des Benutzerverhaltens, der Bedürfnisse und Schwachstellen.

Beliebte Recherchetools für UX-Designer

- **Benutzertests**: Mit dieser Plattform können Sie Remote-Usability-Tests durchführen, indem Sie echte Benutzer aufzeichnen, während sie mit Ihrem Produkt interagieren. Sie können spezifische Fragen stellen, Aufgaben festlegen und detailliertes Feedback erhalten, das für das Verständnis der Benutzererfahrung in verschiedenen Phasen des Entwurfs von unschätzbarem Wert sein kann.

- **Schwalbenschwanz**: Dovetail ist ein leistungsstarkes Tool zum Organisieren und Analysieren qualitativer Daten aus Benutzerinterviews, Umfragen und Feedback-Sitzungen. Es eignet sich ideal zum Verwalten und Markieren von Erkenntnissen, zum Erkennen von Trends und zum Erstellen eines klaren Bildes der Benutzerbedürfnisse.

- **Google Analytics**: Für Designer, die an digitalen Produkten arbeiten, ist Google Analytics unerlässlich, um zu verstehen, wie Benutzer im Laufe der Zeit mit einem Produkt interagieren. Durch die Analyse von Benutzerverhalten und -mustern können Designer Bereiche identifizieren, die verbessert werden müssen, und das Erlebnis entsprechend optimieren.

- **Rückblick**: Lookback ermöglicht Live- und aufgezeichnete Benutzertests, Interviews und Fokusgruppen mit Optionen für Bildschirmfreigabe und persönliche Interaktion. Es ist besonders nützlich für die Remote-Benutzerrecherche und das gemeinsame Sammeln von Erkenntnissen.

- **Hotjar**: Dieses Tool kombiniert Heatmaps, Sitzungsaufzeichnungen und Benutzer-Feedback-Umfragen und ist somit eine hervorragende Wahl, um das Benutzerverhalten auf Websites zu verstehen. Es ermöglicht Ihnen zu sehen, wo Benutzer klicken, scrollen oder abbrechen, und hilft Ihnen so, Usability-Probleme zu erkennen.

- **SurveyMonkey**: Für UX-Designer, die Umfragen durchführen, ist SurveyMonkey ein flexibles und weit verbreitetes Tool. Sie können damit benutzerdefinierte

Umfragen entwerfen, Antworten sammeln und Daten analysieren, was für die Gewinnung quantitativer Erkenntnisse von Benutzern hilfreich sein kann.

2. Wireframing-Tools: Strukturierung des Layouts

Wireframing ist ein entscheidender Schritt im UX-Prozess. Es ermöglicht Designern, das Layout und die Funktionalität eines Produkts zu visualisieren, bevor sie Zeit in die Erstellung eines originalgetreuen Designs investieren. Wireframes dienen als Blaupausen, die die Struktur skizzieren und dabei helfen, Ideen klar an Stakeholder und Teammitglieder zu kommunizieren.

Beliebte Wireframing-Tools für UX-Designer

- **Balsamiq**: Balsamiq ist ein benutzerfreundliches Tool, das speziell für die Erstellung von Low-Fidelity-Wireframes entwickelt wurde. Es ist sowohl bei Anfängern als auch bei erfahrenen Designern beliebt und ermöglicht schnelle, skizzenartige Drahtmodelle, bei denen die Struktur und nicht die Ästhetik im Vordergrund steht.
- **Skizzieren**: Sketch wird häufig sowohl für Wireframing als auch für High-Fidelity-Design verwendet und bietet leistungsstarke Funktionen und Plugins zur Optimierung von Arbeitsabläufen. Die intuitive Benutzeroberfläche und das flexible Rastersystem erleichtern das Entwerfen von Wireframes, die später in High-Fidelity-Mockups umgewandelt werden können.
- **Figma**: Figma ist eine ausgezeichnete Wahl für kollaboratives Wireframing und Prototyping. Mit cloudbasierten Funktionen ermöglicht es Teams, in Echtzeit an Wireframes zu arbeiten, was den Austausch, die Überprüfung und die Iteration mit Stakeholdern erleichtert.
- **Adobe XD**: Adobe XD kombiniert Wireframing-, Prototyping- und UI-Designfunktionen und bietet eine Komplettlösung für UX-Designer. Seine benutzerfreundliche Oberfläche und die Integration mit

anderen Adobe-Produkten machen es zu einer beliebten Wahl für Designer, die bereits mit dem Adobe-Ökosystem vertraut sind.

- **Axure RP**: Axure RP ist für seine erweiterte Funktionalität bekannt und eignet sich ideal für Wireframes, die Interaktivität und Komplexität erfordern. Es ermöglicht Designern, detaillierte, hochpräzise Wireframes mit integrierten Interaktionen zu erstellen, was es für Projekte nützlich macht, die präzise Benutzerflüsse erfordern.
- **Wireframe.cc**: Dieses einfache, browserbasierte Tool eignet sich perfekt für schnelle Wireframes mit geringer Wiedergabetreue. Sein minimalistisches Design und die begrenzten Funktionen machen es einfach, sich auf die Grundlagen von Struktur und Layout zu konzentrieren, ohne von Optionen überwältigt zu werden.

3. Prototyping-Tools: Designs zum Leben erwecken

Beim Prototyping werden statische Wireframes in interaktive Modelle umgewandelt, sodass Designer und Stakeholder erleben können, wie Benutzer mit dem Produkt interagieren könnten. Diese Phase ist wichtig, um die Benutzerfreundlichkeit zu testen, Feedback zu sammeln und notwendige Anpassungen vorzunehmen, bevor mit der Entwicklung begonnen wird.

Beliebte Prototyping-Tools für UX-Designer

- **InVision**: InVision ist ein leistungsstarkes Tool, mit dem Sie statische Designs in anklickbare, interaktive Prototypen umwandeln können. Es ist besonders nützlich für die Darstellung von Designabläufen und -übergängen und erleichtert den Beteiligten die Visualisierung der Benutzerreise.
- **Figma**: Zusätzlich zum Wireframing machen Figmas Prototyping-Funktionen es zu einem vielseitigen Werkzeug für UX-Designer. Es unterstützt interaktive Komponenten, animierte Übergänge und einfaches Teilen und ermöglicht

so nahtlose Tests und Feedback-Sammlung.

- **Adobe XD**: Die Prototyping-Tools von Adobe XD bieten eine Reihe von Funktionen, darunter Sprachinteraktion, Animationen und Komponentenzustände. Designer können anspruchsvolle Prototypen erstellen und diese für Benutzertests freigeben, was es zu einer guten Wahl sowohl für die Prototypenerstellung als auch für das Design macht.

- **Wunder**: Marvel ist ein einsteigerfreundliches Tool, das Wireframing-, Prototyping- und Benutzertestfunktionen bietet. Dank seiner einfachen Benutzeroberfläche ist es ideal für die schnelle Erstellung interaktiver Prototypen ohne steile Lernkurve.

- **Protopisch**: ProtoPie ermöglicht Designern die Erstellung hochgradig interaktiver Prototypen mit Mikrointeraktionen und erweiterten Animationsfunktionen. Es eignet sich ideal für das Prototyping mobiler Apps, bei denen Gesten und Übergänge für das Benutzererlebnis von entscheidender Bedeutung sind.

- **Framer**: Die erweiterten Prototyping-Funktionen von Framer richten sich an erfahrene Designer, die mehr Kontrolle über Animation und Interaktion wünschen. Es ermöglicht Ihnen die Erstellung komplexer, hochgradig interaktiver Prototypen mit echtem Code und bietet unübertroffene Flexibilität.

4. Auf dem Laufenden bleiben: Lernressourcen und Communities

In einem sich schnell entwickelnden Bereich wie dem UX-Design ist es von entscheidender Bedeutung, über die neuesten Tools und Praktiken auf dem Laufenden zu bleiben. Viele Online-Ressourcen und Communities bieten Kurse, Tutorials und Einblicke, die Designern dabei helfen können, ihre Fähigkeiten kontinuierlich zu verbessern und Trends immer einen Schritt voraus zu sein.

Empfohlene Lernressourcen

- **Interaction Design Foundation (IDF)**: IDF bietet erschwingliche, qualitativ hochwertige Kurse zu verschiedenen UX-Themen, vom Anfänger bis zum Fortgeschrittenen. Ihr umfassender Lehrplan und ihre fachkundigen Dozenten machen es zu einer Anlaufstelle für viele Designer.

- **Coursera und Udemy**: Beide Plattformen bieten UX- und UI-Designkurse von Top-Universitäten und Fachleuten an. Mit Themen wie Design Thinking, Benutzerfreundlichkeit und fortgeschrittenem Prototyping eignen sie sich ideal zum Erlernen neuer Fähigkeiten oder zum Vertiefen vorhandener Kenntnisse.

- **YouTube**: YouTube verfügt über eine umfangreiche Bibliothek mit UX-Design-Tutorials, Rezensionen und Fallstudien. Kanäle wie The Futur, AJ&Smart und Designkurse bieten wertvolle Einblicke in UX-Best Praktiken, Tool-Tutorials und Branchentrends.

Beliebte UX-Design-Communitys

- **Designer-Hangout**: Designer Hangout ist eine Slack-basierte Community mit über 18.000 UX-Designern weltweit und bietet Raum für Networking, Feedback und Diskussionen zu einer Reihe von UX-Themen.

- **UX-Stack-Austausch**: Auf dieser Frage-und-Antwort-Seite können Designer Fragen stellen, Erkenntnisse austauschen und Ratschläge zu bestimmten UX-Herausforderungen erhalten.

- **Dribbble und Behance**: Während Dribbble und Behance in erster Linie Portfolio-Plattformen sind, dienen sie auch als Communities, in denen Designer ihre Arbeit teilen, Inspiration gewinnen und sich mit anderen in der Branche vernetzen können.

5. Auswahl der richtigen Tools für Ihren Workflow

Berücksichtigen Sie bei der Auswahl der Tools Ihre spezifischen Bedürfnisse, Ihren Designstil und Ihre Projektanforderungen. Viele UX-Designer verwenden eine Kombination von Tools und wählen diejenigen aus, die in jeder Phase des Prozesses am besten passen. Hier ein paar Tipps, wie Sie die richtigen Werkzeuge finden:

- **Experiment**: Die meisten Tools bieten kostenlose Testversionen oder Basispläne an. Probieren Sie also verschiedene Optionen aus, um herauszufinden, welche am besten zu Ihrem Arbeitsablauf und Ihren Vorlieben passen.
- **Bleiben Sie flexibel**: Mit der Weiterentwicklung des UX-Designs entwickeln sich auch die Tools weiter. Zögern Sie nicht, neue Tools anzupassen und zu erlernen, die Ihren Arbeitsablauf verbessern und Ihre Produktivität steigern können.
- **Konzentrieren Sie sich auf das Wesentliche**: Auch wenn neue Tools spannend sind, denken Sie daran, dass die Beherrschung einiger Kerntools oft wertvoller ist, als alle verfügbaren Optionen zu nutzen. Konzentrieren Sie sich auf Tools, die über mehrere Phasen des Designprozesses hinweg einen Mehrwert bieten.

Ausgestattet mit den richtigen Tools können UX-Designer ihre Prozesse optimieren, die Zusammenarbeit verbessern und wirkungsvolle, benutzerzentrierte Designs erstellen. Durch die Beherrschung wesentlicher Forschungs-, Wireframing- und Prototyping-Tools können Sie sowohl die Effizienz als auch die Qualität Ihrer Arbeit erheblich verbessern. Während der UX-Bereich weiter wächst, werden neue Tools und Ressourcen entstehen – nutzen Sie diese Fortschritte, bleiben Sie neugierig und verfeinern Sie Ihr Toolkit, um weiterhin Designs zu liefern, die bei den Benutzern Anklang finden.

TEIL 5

Vorbereitung auf eine erfolgreiche UX-Karriere

KAPITEL 17

Erstellen einer klaren UX-Karriere-Roadmap: Setzen von Zielen und Vorgaben

Der Aufbau einer Karriere im Bereich UX-Design kann äußerst lohnend sein, erfordert jedoch eine sorgfältige Planung und klare Ziele. Eine klar definierte Roadmap hilft Ihnen, Ihr berufliches Wachstum zu steuern, mit Ihrer Entwicklung auf dem richtigen Weg zu bleiben und Ihre langfristigen Ziele zu erreichen. In diesem Kapitel erfahren Sie, wie Sie klare Ziele setzen, umsetzbare Ziele schaffen und praktische Schritte skizzieren, die Ihnen dabei helfen, in Ihrer UX-Karriere erfolgreich zu sein.

1. Die Bedeutung einer UX-Karriere-Roadmap verstehen

Eine Roadmap ist mehr als eine Liste von Karrierewünschen; es handelt sich um einen strukturierten Plan, der beschreibt, wohin Sie wollen und wie Sie dorthin gelangen. Eine Karriere im UX-Design bietet zahlreiche Möglichkeiten und Spezialisierungen – von Forschung und Interaktionsdesign bis hin zu Informationsarchitektur und Usability-Tests. Wenn Sie wissen, was Sie erreichen möchten, können Sie sich auf den Erwerb der spezifischen Fähigkeiten, Erfahrungen und Kontakte konzentrieren, die Sie für den Erfolg benötigen.

Warum eine UX-Karriere-Roadmap unerlässlich ist:

- **Gibt die Richtung vor**: Mit einer Roadmap können Sie die Fähigkeiten, Kenntnisse und Erfahrungen ermitteln, die für Ihre gewünschte Rolle erforderlich sind.
- **Steigert die Motivation**: Klare Ziele halten Sie motiviert, insbesondere wenn Sie Herausforderungen meistern oder komplexe Fähigkeiten erlernen.
- **Verfolgt den Fortschritt**: Eine strukturierte Roadmap ermöglicht es Ihnen, zu sehen, wie weit Sie gekommen sind, und hilft Ihnen, selbstbewusst und konzentriert zu bleiben.
- **Erleichtert die Anpassungsfähigkeit**: Der UX-Bereich entwickelt sich schnell weiter und eine Roadmap hilft Ihnen, Ihre Ziele anzupassen, um relevant zu bleiben.

2. Identifizieren Sie Ihre Karriereziele im UX-Design

Der erste Schritt bei der Erstellung einer Karriere-Roadmap besteht darin, Ihre langfristigen und kurzfristigen Ziele zu identifizieren. Fragen Sie sich zunächst, was Sie am UX-Design begeistert und wo Sie sich in der Zukunft sehen. Hier sind einige Beispiele für Ziele, die angehende und praktizierende UX-Designer haben könnten:

- **Langfristige Ziele**:
  - Werden Sie leitender UX-Designer oder UX-Manager.
  - Spezialisieren Sie sich auf einen UX-Bereich wie Barrierefreiheit, Informationsarchitektur oder UX-Forschung.
  - Tragen Sie zu wirkungsvollen Projekten bei einem großen Technologieunternehmen oder einer großen Technologieagentur bei.
  - Übergang in die UX-Beratung oder freiberufliche Tätigkeit.
  - Bauen Sie eine persönliche Marke in UX auf, möglicherweise durch Vorträge, Veröffentlichungen oder eine Social-Media-Präsenz.
- **Kurzfristige Ziele**:

- Absolvieren Sie relevante UX-Kurse oder Zertifizierungen.
- Bauen Sie ein starkes, vielfältiges Portfolio auf, das Ihre Design- und Problemlösungsfähigkeiten unter Beweis stellt.
- Sammeln Sie Erfahrungen mit branchenüblichen Tools wie Figma, Sketch und Adobe XD.
- Vernetzen Sie sich mit anderen UX-Profis und treten Sie Design-Communitys bei.
- Sichern Sie sich eine UX-Einstiegsrolle oder ein Praktikum, um praktische Erfahrungen zu sammeln.

3. Setzen Sie sich SMARTe Ziele für Ihre UX-Karriere

Sobald Sie Ihre Ziele identifiziert haben, benötigen Sie umsetzbare Ziele, die Sie diesen Zielen näher bringen. Das SMART-Framework ist eine weit verbreitete Methode zur Festlegung klarer, erreichbarer Ziele. SMART-Ziele sind:

- **Spezifisch**: Klar definiert und fokussiert.
- **Messbar**: Quantifizierbar, sodass Sie den Fortschritt verfolgen können.
- **Erreichbar**: Realistisch und im Rahmen Ihrer Möglichkeiten.
- **Relevant**: Abgestimmt auf Ihre langfristigen Karriereziele.
- **Zeitgebunden**: Legen Sie einen klaren Zeitrahmen für die Fertigstellung fest.

Beispiele für SMART-Ziele für UX-Designer:

- **Erstellen Sie ein Portfolio**: „Innerhalb von sechs Monaten vervollständige und präsentiere drei UX-Fallstudien in meinem Portfolio, die meine Fähigkeit unter Beweis stellen, Designherausforderungen zu lösen, Benutzerforschung durchzuführen und effektive Wireframes und Prototypen zu erstellen.“
- **Entwickeln Sie Forschungsfähigkeiten**: „Nehmen Sie

innerhalb der nächsten drei Monate an zwei Workshops zu Benutzerforschungsmethoden teil und wenden Sie diese Techniken in mindestens einem Projekt an."

- **Vernetzung**: „Treten Sie innerhalb des nächsten Monats zwei UX-Design-Communitys bei und streben Sie an, jeden Monat mit mindestens fünf Fachleuten auf diesem Gebiet in Kontakt zu treten."
- **Beherrschen Sie UX-Tools**: „Erlernen Sie Figma innerhalb der nächsten vier Monate, indem Sie einen Kurs absolvieren und ihn auf drei Designprojekte anwenden."

Durch das Festlegen von SMART-Zielen können Sie überschaubare Schritte in Richtung Ihrer Ziele unternehmen, sodass sich die Reise strukturiert und erreichbar anfühlt.

4. Festlegung der Schritte für eine UX-Karriere-Roadmap

Nachdem Sie Ihre Ziele definiert haben, erstellen Sie eine Roadmap, die praktische Schritte zur Erreichung dieser Ziele enthält. Erwägen Sie, Ihre Roadmap in verschiedene Phasen zu unterteilen, wobei jede Phase auf der vorherigen aufbaut. Hier ist ein Beispiel dafür, wie eine Roadmap für einen Anfänger im UX-Design aussehen könnte:

- **Stufe 1: Aufbau von Grundlagenwissen**
  - Nehmen Sie an Einführungskursen in UX-Prinzipien, Design Thinking und Benutzerforschung teil.
  - Machen Sie sich mit Designsoftware wie Figma, Sketch oder Adobe XD vertraut.
  - Führen Sie kleine Projekte durch (auch wenn sie hypothetisch sind), um grundlegende UX-Workflows zu verstehen.
- **Stufe 2: Entwicklung praktischer Fähigkeiten**
  - Nehmen Sie ein Abschlussprojekt oder eine Designherausforderung in Angriff, um Ihr Wissen anzuwenden.
  - Üben Sie die Erstellung von Wireframes und Prototypen

sowie die Durchführung von Benutzerrecherchen.

- Beginnen Sie mit dem Aufbau eines Portfolios und dokumentieren Sie Ihren Prozess, Ihre Erkenntnisse und Ergebnisse.

- **Stufe 3: Sammeln praktischer Erfahrungen**
  - Bewerben Sie sich für Praktika, Einstiegsstellen oder freiberufliche Möglichkeiten, um praktische Erfahrungen zu sammeln.
  - Nehmen Sie an UX-Konferenzen, Webinaren und Workshops teil, um von Branchenexperten zu lernen.
  - Bitten Sie Mentoren oder Online-Design-Communitys um Feedback zu Ihrer Arbeit.

- **Stufe 4: Spezialisierung und Wachstum**
  - Identifizieren Sie eine UX-Spezialität, an der Sie interessiert sind, z. B. UX-Forschung oder Interaktionsdesign.
  - Absolvieren Sie zusätzliche Zertifizierungen oder Kurse in Ihrem gewählten Fachgebiet.
  - Bauen Sie ein Netzwerk aus Kollegen, Mentoren und potenziellen Mitarbeitern auf, die Ihnen Orientierung und Möglichkeiten bieten können.

- **Stufe 5: Ihre Karriere vorantreiben**
  - Streben Sie UX-Rollen auf mittlerer Ebene an oder bewerben Sie sich für Positionen, die mehr Verantwortung bieten.
  - Erweitern Sie Ihr Portfolio weiter mit hochwertigen Fallstudien und komplexen Projekten.
  - Bleiben Sie über UX-Trends auf dem Laufenden und verfeinern Sie Ihre Fähigkeiten kontinuierlich durch kontinuierliche Weiterbildung.

5. Nutzung von Ressourcen und Unterstützungssystemen

Der Weg zum Aufbau einer erfolgreichen UX-Karriere ist mit den richtigen Ressourcen und der richtigen Unterstützung leichter zu bewältigen. Viele Plattformen, Mentoren und

Communities stehen zur Verfügung, um UX-Designer in allen Phasen ihrer Karriere zu unterstützen.

- **Online-Kurse und Zertifizierungen**: Plattformen wie Coursera, Udemy und Interaction Design Foundation (IDF) bieten erschwingliche Kurse an, während Google und die Nielsen Norman Group anerkannte Zertifizierungen anbieten.
- **Mentoring-Programme**: Plattformen wie ADPList, RookieUp und die Mentoring-Programme von UXPA bieten Mentoring-Verbindungen. Ein Mentor kann wertvolle Anleitung, Feedback und Karrieretipps geben.
- **UX-Communitys und Events**: Der Beitritt zu Communities wie Designer Hangout (Slack), UX Stack Exchange und LinkedIn-Gruppen kann Ihnen dabei helfen, Kontakte zu knüpfen, Erkenntnisse zu gewinnen und Wissen auszutauschen.
- **Bücher und Blogs**: Lernen Sie weiter mit Büchern wie *„Lass mich nicht nachdenken"* von Steve Krug, *„Das Design alltäglicher Dinge"* von Don Norman und UX-Blogs wie Smashing Magazine und der Blog der Nielsen Norman Group.

6. Messen Sie den Fortschritt und passen Sie Ihre Roadmap an

Eine Karriere-Roadmap ist ein lebendiges Dokument. Überprüfen Sie Ihre Ziele regelmäßig und passen Sie sie basierend auf Ihren Fortschritten, Ihrem Feedback und der sich entwickelnden Landschaft des UX-Designs an. Nehmen Sie sich alle paar Monate Zeit, um Ihre Roadmap zu bewerten. Fragen Sie sich:

- **Habe ich meine kurzfristigen Ziele erreicht?** Wenn nicht, identifizieren Sie Bereiche, auf die Sie sich konzentrieren sollten, oder passen Sie Ihren Zeitrahmen bei Bedarf an.
- **Gibt es neue Fähigkeiten, die ich entwickeln muss?** Bleiben Sie über neue UX-Trends auf dem Laufenden und

entscheiden Sie, ob Sie diese in Ihr Lernen integrieren müssen.

- **Genieße ich die Reise?** Stellen Sie sicher, dass Ihre Ziele mit Ihren Interessen und Stärken übereinstimmen, damit Sie eine erfüllende und nachhaltige Karriere verfolgen können.

Eine gut durchdachte Karriere-Roadmap ist ein leistungsstarkes Werkzeug im UX-Design. Indem Sie sich klare Ziele setzen, umsetzbare Ziele schaffen und anpassungsfähig bleiben, können Sie Ihre Reise mit Zuversicht meistern. Denken Sie daran, dass eine Karriere im Bereich UX nicht geradlinig verläuft; es handelt sich um ein dynamisches und sich weiterentwickelndes Feld, das kontinuierliches Lernen und Anpassungsfähigkeit belohnt. Nehmen Sie Ihr Wachstum an, feiern Sie kleine Erfolge und machen Sie weiter auf dem Weg zu einer erfüllenden UX-Karriere.

KAPITEL 18

Networking und Freelancing in UX: Einblicke und Strategien

Networking und freiberufliche Tätigkeit sind in der Karriere eines UX-Designers von unschätzbarem Wert und öffnen Türen zu neuen Möglichkeiten, Kooperationen und einer Fülle von Wissen von Branchenkollegen. Der Bereich UX-Design ist umfangreich und entwickelt sich ständig weiter. Die Pflege von Verbindungen kann nicht nur zu Stellenangeboten und freiberuflichen Aufträgen führen, sondern auch Unterstützung bei der Weiterentwicklung und Anpassung bieten. In diesem Kapitel werden grundlegende Strategien für effektives Networking in UX, Tipps für den Start einer erfolgreichen freiberuflichen Karriere und praktische Ratschläge zum Aufbau starker, dauerhafter beruflicher Beziehungen behandelt.

1. Warum Networking im UX-Design wichtig ist

Networking spielt eine entscheidende Rolle dabei, UX-Designern dabei zu helfen, sich über Branchentrends zu informieren, Stellenangebote zu finden und Mentoring zu erhalten. Es geht über das bloße Treffen mit Menschen hinaus; beim effektiven Networking im UX-Bereich geht es darum, echte Beziehungen aufzubauen, Erkenntnisse auszutauschen und sich gegenseitig bei der Karriereentwicklung zu unterstützen. Networking ist besonders für Freiberufler wertvoll, da es sie mit potenziellen Kunden, Mitarbeitern und Designerkollegen verbinden kann.

Hauptvorteile des Networking für UX-Designer:

- **Lernen und Wachstum**: Erhalten Sie Einblicke in Design-Tools, Prozesse und Best Practices von anderen Fachleuten.
- **Job- und Projektmöglichkeiten**: Viele UX-Positionen und freiberufliche Projekte werden durch Empfehlungen besetzt.
- **Mentoring und Anleitung**: Erfahrene Designer können Feedback zu Ihrem Portfolio geben, Karrieretipps geben und Ihnen bei der Bewältigung von Herausforderungen helfen.
- **Aufbau einer persönlichen Marke**: Der Austausch mit anderen Mitgliedern der UX-Community kann Ihnen dabei helfen, sich als sachkundiger Fachmann auf Ihrem Gebiet zu etablieren.

2. Netzwerkstrategien für UX-Designer

Der Aufbau eines starken Netzwerks erfordert Zeit und Konsequenz. Hier sind einige Strategien, die Ihnen helfen, effektiv Verbindungen aufzubauen:

- **Treten Sie UX-Communitys bei**: Beteiligen Sie sich an Online-Communities und Foren mit Schwerpunkt auf UX-Design. Plattformen wie Designer Hangout (Slack), UX Stack Exchange und LinkedIn-Gruppen bieten Räume, um Fragen zu stellen, Wissen auszutauschen und von Kollegen zu lernen.
- **Nehmen Sie an Konferenzen und Meetups teil**: Durch die Teilnahme an UX-Konferenzen, lokalen Meetups oder virtuellen Webinaren können Sie in Echtzeit mit anderen in Kontakt treten. Zu den beliebten Veranstaltungen gehören die Konferenz der Interaction Design Association (IxDA), UXPA-Veranstaltungen und Awards-Konferenzen.
- **Beteiligen Sie sich an den sozialen Medien**: LinkedIn, Twitter und Instagram sind beliebte Plattformen, um mit anderen UX-Designern in Kontakt zu treten. Teilen Sie Ihre

Arbeit, kommentieren Sie die Beiträge anderer und nehmen Sie an Gesprächen rund um UX-Themen teil, um Ihre Präsenz auszubauen.

- **Nutzen Sie LinkedIn:** Nutzen Sie LinkedIn nicht nur, um Ihre Erfolge zu veröffentlichen, sondern auch, um sich aktiv mit Inhalten in Ihrem Bereich zu beschäftigen. Durch personalisierte Verbindungsanfragen, durchdachte Kommentare zu Branchenbeiträgen und das Teilen relevanter Inhalte können Sie Ihre Sichtbarkeit erhöhen und ein professionelles Netzwerk aufbauen.

- **Finden Sie einen Mentor oder seien Sie ein Mentor:** Viele erfolgreiche Designer loben ihre Mentoren dafür, dass sie ihnen geholfen haben, Karrieremeilensteine zu erreichen. Plattformen wie ADPList bringen angehende UX-Designer mit Mentoren zusammen, während das Anbieten von Mentoring selbst eine großartige Möglichkeit ist, etwas zurückzugeben und Kontakte aufzubauen.

- **Nehmen Sie an UX Design Challenges teil:** Design-Herausforderungen ermöglichen es Ihnen, Ihre Fähigkeiten unter Beweis zu stellen und Feedback zu erhalten. Plattformen wie Dribbble, Behance und UX Design Weekly bieten oft Herausforderungen und die Teilnahme kann Ihnen dabei helfen, andere Mitglieder der Community kennenzulernen.

3. Freiberufliche Tätigkeit im Bereich UX: Erste Schritte

Eine freiberufliche Tätigkeit im Bereich UX-Design bietet Flexibilität, Abwechslung und die Möglichkeit, mit einer Vielzahl von Kunden zusammenzuarbeiten. Es erfordert jedoch auch Selbstdisziplin, eine unternehmerische Denkweise und strategisches Networking, um einen stetigen Arbeitsfluss aufzubauen.

Schritte zum Einstieg in die freiberufliche Tätigkeit in UX:

- **Definieren Sie Ihre Dienste:** Machen Sie

sich klar, welche UX-Dienste Sie anbieten. Zu den allgemeinen Dienstleistungen gehören Benutzerforschung, Wireframing, Prototyping, Usability-Tests und visuelles Design. Wenn Sie Ihre Stärken kennen, können Sie gezielt Kunden ansprechen, die Ihre spezifischen Fähigkeiten benötigen.

- **Bauen Sie ein starkes Portfolio auf**: Ihr Portfolio ist bei der freiberuflichen Tätigkeit von entscheidender Bedeutung, da es oft der entscheidende Faktor für potenzielle Kunden ist. Präsentieren Sie vielfältige Projekte, die Ihre Fähigkeit unterstreichen, Designprobleme zu lösen und benutzerzentrierte Erlebnisse zu schaffen. Fügen Sie Fallstudien hinzu, die Ihren Designprozess erläutern, von der Forschung bis zum Test.

- **Legen Sie Ihre Tarife und Ihren Umfang fest**: Die Preisgestaltung kann eine Herausforderung sein, insbesondere am Anfang. Recherchieren Sie die Marktpreise für Ihr Erfahrungsniveau und Ihre Dienstleistungen und berücksichtigen Sie Ihre Ausgaben und Projektdauer. Denken Sie daran, Ihren Projektumfang in Verträgen klar zu definieren, um eine Ausweitung des Projektumfangs zu vermeiden.

- **Finden Sie Kunden über mehrere Kanäle**: Networking spielt hier eine große Rolle, aber Sie können Kunden auch auf Freelance-Marktplätzen (z. B. Upwork, Fiverr, Toptal) und durch direkte Kontaktaufnahme mit Unternehmen finden. Bauen Sie über LinkedIn oder bei Branchenveranstaltungen Beziehungen zu potenziellen Kunden auf.

- **Entwickeln Sie geschäftliche Fähigkeiten**: Freiberuflich zu arbeiten umfasst viel mehr als nur Designarbeit; Sie müssen sich um die Kundenkommunikation kümmern, Projekte verwalten und grundlegende Verträge und Rechnungsstellung verstehen. Erwägen Sie, sich über die geschäftlichen Grundlagen für Freiberufler zu informieren, um langfristig erfolgreich zu sein.

4. Best Practices für freiberufliche Tätigkeiten im Bereich UX

Freiberufliche Tätigkeit kann unvorhersehbar sein, aber die Befolgung dieser Best Practices kann zu einer stabilen und erfolgreichen freiberuflichen Karriere beitragen:

- **Kommunizieren Sie klar mit Kunden**: Starke Kommunikation ist der Schlüssel zum Erfolg als Freiberufler. Legen Sie von Anfang an klare Erwartungen fest, richten Sie regelmäßige Check-ins ein und halten Sie Ihre Kunden über den Projektfortschritt auf dem Laufenden.

- **Erstellen Sie detaillierte Verträge**: Ein klarer, schriftlicher Vertrag schützt Sie und den Kunden, indem er den Arbeitsumfang, die Zahlungsbedingungen, den Zeitplan und alle erforderlichen Leistungen festlegt. Dies hilft, Missverständnisse zu vermeiden und stellt sicher, dass Sie eine angemessene Vergütung erhalten.

- **Respektieren Sie Ihre Zeit und setzen Sie Grenzen**: Freiberufler stehen oft vor der Herausforderung, dass Kunden eine Erreichbarkeit rund um die Uhr erwarten. Setzen Sie Grenzen, indem Sie in Ihrem Vertrag Ihre Arbeitszeiten, Reaktionszeiten und bevorzugten Kommunikationsmethoden festlegen.

- **Verwalten Sie Ihre Finanzen mit Bedacht**: Das Einkommen als Freiberufler kann unregelmäßig sein, daher ist es wichtig, sorgfältig zu budgetieren und Geld für Steuern beiseite zu legen. Erwägen Sie die Verwendung von Rechnungstools wie FreshBooks oder QuickBooks, um Ihre Finanzen zu optimieren und den Überblick über Zahlungen zu behalten.

- **Bauen Sie durch Empfehlungen einen Kundenstamm auf**: Freiberufliche Kunden kommen oft durch Empfehlungen. Leisten Sie außergewöhnliche Arbeit, bitten Sie um Erfahrungsberichte und setzen Sie sich regelmäßig mit früheren Kunden in Verbindung. Zufriedene

Kunden empfehlen Sie eher weiter oder beauftragen Sie für zukünftige Projekte wieder.

- **Lernen Sie weiter und verbessern Sie sich**: Freiberufler, die sich ständig weiterbilden und ihre Fähigkeiten verbessern, sind besser in der Lage, hochwertige Kunden zu gewinnen. Nehmen Sie sich Zeit, sich weiterzubilden, sei es durch Kurse, UX-Bootcamps oder das Studium von Branchentrends.

5. Als Freiberufler wettbewerbsfähig bleiben und sich strategisch vernetzen

Freiberufler stehen im Wettbewerb, aber mit einem strategischen Ansatz für Networking und Personal Branding ist es möglich, sich von der Masse abzuheben.

- **Teilen Sie Ihr Fachwissen**: Etablieren Sie sich als sachkundiger UX-Experte, indem Sie Erkenntnisse in sozialen Medien teilen, Blogbeiträge schreiben oder Vorträge auf Branchenveranstaltungen halten. Diese Sichtbarkeit kann dazu beitragen, Kunden zu gewinnen und Sie mit Kollegen zu verbinden, die Ihre Interessen teilen.
- **Vernetzen Sie sich mit anderen Freiberuflern**: Networking beschränkt sich nicht nur auf die Kundengewinnung; Die Verbindung mit anderen Freiberuflern kann zu Kooperationsmöglichkeiten, Empfehlungen und Unterstützung führen. Freelance-Communitys finden Sie möglicherweise auf Plattformen wie Freelancers Union oder über lokale Designgruppen.
- **Kundenfeedback anfordern und anzeigen**: Positive Kundenstimmen in Ihrem Portfolio oder LinkedIn-Profil können aussagekräftig sein. Diese Empfehlungen geben potenziellen Kunden Vertrauen in die Qualität und Professionalität Ihrer Arbeit.
- **Diversifizieren Sie Ihren Kundenstamm**: Sich auf einen oder zwei Kunden zu verlassen, kann riskant sein. Ziel ist es, mit Kunden aus verschiedenen Branchen und

unterschiedlicher Größe zusammenzuarbeiten, um einen stabilen Arbeitsfluss zu schaffen.

6. Die Herausforderungen der Freiberuflichkeit und des Networking meistern

Während sich die freiberufliche Tätigkeit im Bereich UX lohnen kann, birgt sie auch Herausforderungen. Freiberufler sind oft mit einem Arbeitsrhythmus von Feiern oder Hungersnöten, Meinungsverschiedenheiten mit Kunden und dem Bedürfnis nach Selbstdisziplin konfrontiert. Um diese Herausforderungen zu meistern, müssen Sie möglicherweise eine kontinuierliche Betreuung in Anspruch nehmen, Ihre Fähigkeiten kontinuierlich verbessern und sich an die sich ändernden Bedürfnisse der Kunden und der UX-Branche anpassen.

Häufige Herausforderungen und wie man sie meistert:

- **Inkonsistentes Einkommen**: Um dieses Problem anzugehen, bauen Sie einen Notfallfonds auf, diversifizieren Sie Ihr Einkommen durch Nebenprojekte und erwägen Sie, Vorschussdienste für laufende Arbeiten anzubieten.
- **Kunden finden**: Nutzen Sie eine Mischung aus Networking, Online-Plattformen und Empfehlungen, um eine stabile Kundenpipeline aufzubauen.
- **Umgang mit schwierigen Kunden**: Eine klare Kommunikation und ein detaillierter Vertrag können viele Konflikte verhindern. Wenn ein Kunde schwierig wird, gehen Sie professionell mit der Situation um und trennen Sie sich gegebenenfalls respektvoll.

Networking und freiberufliche Tätigkeit sind komplementäre Aspekte einer UX-Karriere, die Ihre Erfahrung und Ihren Erfolg in diesem Bereich erheblich verbessern können. Durch effektives Networking verbinden Sie sich mit Kollegen, Mentoren und Kunden, während Sie als Freiberufler Ihre Karriere flexibel und kreativ gestalten können. Indem Sie diese Strategien befolgen, echte Beziehungen aufbauen und in Ihrem Bereich proaktiv bleiben, können Sie eine erfolgreiche, erfüllende UX-Karriere aufbauen, die sowohl auf Stabilität als auch auf Wachstum basiert.

KAPITEL 19

Die Zukunft des UX-Designs: Trends und Technologien, die es zu beobachten gilt

Die Welt des UX-Designs entwickelt sich rasant weiter, geprägt durch neue Technologien, veränderte Benutzererwartungen und einen zunehmenden Fokus auf benutzerzentriertes Design. Da Designer bestrebt sind, ansprechendere, effizientere und bedeutungsvollere Erlebnisse zu schaffen, ist es wichtig, über neue Trends und Technologien auf dem Laufenden zu bleiben. In diesem Kapitel werden wichtige Trends untersucht, die voraussichtlich die Zukunft des UX-Designs prägen werden, von künstlicher Intelligenz und virtueller Realität bis hin zu Zugänglichkeit, Inklusivität und darüber hinaus.

1. Der Aufstieg von KI und maschinellem Lernen in UX

Künstliche Intelligenz (KI) und maschinelles Lernen verändern die Art und Weise, wie Designer mit der Benutzererfahrung umgehen. Diese Technologien ermöglichen personalisiertere und prädiktivere Interaktionen und ermöglichen es UX-Designern, adaptive Schnittstellen zu erstellen, die auf individuelle Benutzerpräferenzen und -verhalten reagieren.

KI-Anwendungen im UX-Design:

- **Personalisierung**: KI kann durch die Analyse von

Benutzerdaten maßgeschneiderte Inhalte, Empfehlungen und Produktvorschläge liefern. Dadurch entsteht für jeden Einzelnen ein relevanteres und ansprechenderes Erlebnis.

- **Konversationsschnittstellen**: Chatbots und virtuelle Assistenten mit KI-Unterstützung werden für UX immer wichtiger und bieten Benutzern sofortigen Support und Interaktion. Mit der Verbesserung dieser Technologien werden sie zunehmend menschenähnliche und reaktionsfähige Erlebnisse bieten.

- **Prädiktives Design**: Modelle für maschinelles Lernen können Benutzerbedürfnisse antizipieren und Schnittstellen optimieren, wodurch digitale Interaktionen reibungsloser und intuitiver werden. Beispielsweise könnte ein Vorhersagesystem Inhalte oder Funktionen basierend auf vergangenem Verhalten priorisieren.

Für Designer ist das Verständnis der KI und ihrer Auswirkungen auf das Benutzerverhalten von entscheidender Bedeutung, um sowohl effiziente als auch einfühlsame Erlebnisse zu schaffen.

2. Voice-User Interfaces (VUIs) und Conversational UX

Sprachschnittstellen werden zu einem festen Bestandteil des modernen UX-Designs, da immer mehr Benutzer mit sprachaktivierten Geräten wie Amazon Alexa, Google Assistant und Apples Siri interagieren. Diese Schnittstellen bieten Freisprechkomfort und Zugänglichkeit für ein breites Spektrum von Benutzern.

Auswirkungen von VUIs im UX-Design:

- **Verarbeitung natürlicher Sprache (NLP)**: Mit der Weiterentwicklung der NLP-Technologie können Sprachschnittstellen Benutzeranfragen besser verstehen und darauf reagieren, was die Benutzerzufriedenheit erhöht.

- **Kontextbewusstes Design**: VUIs müssen kontextbasiert

reagieren. Designer müssen darüber nachdenken, wie sie Systeme erstellen können, die die Umgebung, Vorlieben und Absichten des Benutzers verstehen.

- **Inklusives Design**: Sprachschnittstellen sind besonders für Benutzer mit Sehbehinderungen oder Mobilitätseinschränkungen von Vorteil. Die Priorisierung von Sprache als Option kann digitale Erlebnisse zugänglicher und integrativer machen.

3. Virtual Reality (VR) und Augmented Reality (AR) in UX

VR- und AR-Technologien definieren die digitale Interaktion neu und eröffnen neue Möglichkeiten für immersive Erlebnisse in Branchen wie Einzelhandel, Bildung und Unterhaltung.

Wichtige AR/VR-Trends für UX-Designer:

- **Verbesserte Benutzereinbindung**: AR und VR können zutiefst fesselnde Erlebnisse schaffen, wie zum Beispiel virtuelle Einkaufsumgebungen oder immersive Trainingssimulationen. In diesen Räumen spielen UX-Designer eine entscheidende Rolle dabei, Interaktionen intuitiv und angenehm zu gestalten.
- **Räumliches UX-Design**: Das Entwerfen für VR und AR erfordert ein räumliches Verständnis, da Benutzer mit virtuellen Elementen innerhalb eines 3D-Raums interagieren. Dieser Wandel bedeutet, dass UX-Designer neue Fähigkeiten in Bezug auf räumliche Anordnung und Benutzerbewegungsmuster erlernen müssen.
- **Praktische Anwendungen**: Durch die Integration der AR-Technologie in mobile Geräte können Benutzer Augmented Reality nun ohne spezielle Hardware erleben. Innenarchitektur-Apps verwenden beispielsweise AR, um Benutzern die Visualisierung der Möbelplatzierung zu erleichtern, und Bildungs-Apps bieten interaktive 3D-Erlebnisse.

Da VR und AR immer zugänglicher werden, müssen Designer Neuheit und Benutzerfreundlichkeit in Einklang bringen, um diese Erfahrungen für Benutzer praktisch und vorteilhaft zu machen.

4. Das Internet der Dinge (IoT) und UX

Das Internet der Dinge verbindet verschiedene Geräte und ermöglicht ihnen den Datenaustausch und die nahtlose Zusammenarbeit. UX-Design für IoT stellt einzigartige Herausforderungen dar, da Erfahrungen über Bildschirme hinaus in die reale Welt hineinreichen.

IoT-Überlegungen für UX-Designer:

- **Geräteübergreifende Interaktionen**: IoT basiert auf Interaktionen zwischen mehreren Geräten, von Smartphones und Tablets bis hin zu Smart-Home-Systemen und Wearables. Designer müssen berücksichtigen, wie Benutzer zwischen diesen Geräten wechseln und ein nahtloses, zusammenhängendes Erlebnis gewährleisten.

- **Datensicherheit und Datenschutz**: Da das IoT große Mengen personenbezogener Daten sammelt, müssen UX-Designer Transparenz und Datenschutzeinstellungen priorisieren, um das Vertrauen der Benutzer aufzubauen.

- **Proaktive Benutzerunterstützung**: IoT-Geräte können Benutzerbedürfnisse vorhersagen und proaktive Unterstützung bieten, z. B. die Anpassung der Heimbeleuchtung an die Tageszeit. Diese vorausschauenden Designs erfordern ein feines Gleichgewicht, um eine Überschreitung der Benutzergrenzen zu vermeiden.

Mit zunehmender Verbreitung von IoT-Geräten müssen UX-Designer das breitere vernetzte Ökosystem verstehen, um zusammenhängende und sichere Erlebnisse zu schaffen.

5. Zugänglichkeit und Inklusivität als zentrale UX-Prinzipien

Da das Bewusstsein für Vielfalt und Inklusion wächst, ist die Gestaltung von Barrierefreiheit und Inklusion nicht mehr optional, sondern eine Voraussetzung. Barrierefreiheit wird sich zunehmend nicht nur auf körperliche und kognitive Bedürfnisse konzentrieren, sondern auch darauf, sicherzustellen, dass jeder, unabhängig von seinem Hintergrund, gleichberechtigten Zugang zu Technologie genießen kann.

Zukünftige Barrierefreiheitstrends:

- **Erweiterte Barrierefreiheitsfunktionen**: Bildschirmlesegeräte, Sprachsteuerung und anpassbare Farbschemata werden ausgefeilter und helfen Benutzern aller Fähigkeiten, sich in digitalen Räumen zurechtzufinden.
- **Entwerfen für Neurodiversität**: Die Anerkennung der Neurodiversität im UX-Design, beispielsweise beim Design für Benutzer mit Autismus oder ADHS, ist ein neuer Schwerpunkt. Dazu gehört die Schaffung ruhiger, nicht ablenkender Schnittstellen und die Möglichkeit der Personalisierung.
- **Globale Inklusivität**: Angesichts der globalen Reichweite digitaler Produkte umfasst Inklusivität auch die Gestaltung für unterschiedliche kulturelle Kontexte und Sprachen. Dieser Ansatz geht über die Übersetzung hinaus; Es erfordert Sensibilität für lokale Symbole, Farben und Designvorlieben.

Indem sie Zugänglichkeit und Inklusivität in den Vordergrund stellen, können Designer Produkte schaffen, die allen Benutzern wirklich dienen und sie respektieren.

6. Das Wachstum von ethischem UX und datenschutzzentriertem Design

Da digitale Produkte immer mehr zum Alltagsleben werden, haben Designer die Verantwortung, ethischen Überlegungen und der Privatsphäre der Benutzer Vorrang einzuräumen. UX verändert sich, um Bedenken hinsichtlich Datensicherheit, Benutzermanipulation und transparentem Design auszuräumen.

Ethische Designtrends:

- **Datenschutz als UX-Feature**: Anstatt Datenschutzeinstellungen zu vergraben, legen zukunftsorientierte UX-Designs Wert auf Transparenz und ermöglichen es Benutzern, die Datennutzung einfach zu kontrollieren und zu verstehen.
- **Vermeidung dunkler Muster**: Ethik UX legt Wert darauf, manipulative Designtaktiken wie verwirrende Opt-out oder schuldbewusste Pop-ups zu vermeiden. Benutzer erwarten zunehmend, dass Marken ihre Entscheidungen und Autonomie respektieren.
- **Nachhaltiges Design**: Mit steigendem Umweltbewusstsein denken Designer über Nachhaltigkeit in UX nach. Dies könnte die Reduzierung datenintensiver Funktionen, die Energie verbrauchen, die Minimierung von Aktualisierungsanforderungen und die Förderung eines verantwortungsvollen digitalen Konsums umfassen.

Bei Ethik UX geht es darum, Produkte zu entwickeln, die den Werten der Benutzer entsprechen, deren Privatsphäre respektieren und transparente, ehrliche Interaktionen bieten.

7. Minimalismus und fokussierte Funktionalität

Im Zeitalter der Informationsflut schätzen Benutzer einfache, optimierte Designs, die ihnen helfen, sich auf wesentliche Aufgaben zu konzentrieren. Minimalismus ist nicht nur ein visueller Trend; es ist eine Reaktion auf den Wunsch der Benutzer nach unkomplizierten, ablenkungsfreien Erlebnissen.

Minimalismus-Trends im UX-Design:

- **Progressive Offenlegung**: Designer können verhindern, dass Benutzer überfordert werden, indem sie Informationen nur dann anzeigen, wenn sie benötigt werden, und sie Schritt für Schritt durch komplexe Aufgaben führen.
- **Aufräumen von Schnittstellen**: Minimalistisches Design konzentriert sich nur auf die wichtigsten Elemente und nutzt den Raum sinnvoll, um optisch ruhige, benutzerfreundliche Layouts zu schaffen.
- **Entwerfen für den Fokus**: Mit dem Aufkommen von Produktivitätstools erstellen UX-Designer Schnittstellen, die die Konzentration fördern, indem sie Benachrichtigungen, Animationen und andere potenzielle Ablenkungen reduzieren.

Minimalistisches, funktionales Design kann die Benutzerfreundlichkeit verbessern und ein Gefühl der Ruhe schaffen, wodurch digitale Interaktionen angenehmer und effizienter werden.

8. Kontinuierliches Lernen und Anpassungsfähigkeit fördern

Da weiterhin neue Tools, Plattformen und Methoden auftauchen, müssen sich UX-Designer zum lebenslangen Lernen verpflichten. Fähigkeiten wie das Verständnis von Datenanalysen, die Beherrschung neuer Prototyping-Tools und das Bleiben über sich ändernde Benutzererwartungen werden sicherstellen, dass UX-Designer in diesem dynamischen Bereich anpassungsfähig bleiben.

Die Zukunft von UX ist spannend und voller Möglichkeiten, wirkungsvolle, innovative Designs zu schaffen, die das Leben der Benutzer verbessern. Da sich die Technologie weiterentwickelt, wird die Rolle eines UX-Designers um einfühlsame, anpassungsfähige und verantwortungsvolle Praktiken erweitert. Indem Designer über neue Trends informiert bleiben und ihre Fähigkeiten verfeinern, können sie sich auf eine Zukunft vorbereiten, in der UX leistungsfähiger, integrativer und wichtiger denn je ist.

ANHÄNGE

A. Glossar der UX- und UI-Begriffe

Das Verständnis wichtiger Begriffe ist für die Navigation im UX- und UI-Bereich unerlässlich. Hier sind einige grundlegende Definitionen:

- **Benutzererfahrung (UX):** Das Gesamterlebnis, das ein Benutzer bei der Interaktion mit einem Produkt hat, mit Schwerpunkt auf Benutzerfreundlichkeit, Zugänglichkeit und Vergnügen.

- **Benutzeroberfläche (UI):** Die visuellen Aspekte eines Produkts, die es Benutzern ermöglichen, damit zu interagieren, wie z. B. Schaltflächen, Symbole und Layout.

- **Drahtmodell:** Eine einfache, naturgetreue Skizze oder Blaupause eines digitalen Produkts, die die Grundstruktur und das Layout ohne visuelle Details zeigt.

- **Prototyp:** Eine frühe, interaktive Version eines Designs, die für Tests und Feedback vor der endgültigen Entwicklung verwendet wird.

- **Benutzerfreundlichkeit:** Der Grad, in dem ein Produkt einfach zu verwenden ist und den Benutzern effektiv dabei hilft, ihre Ziele zu erreichen.

- **Person:** Eine fiktive Figur, die einen bestimmten Benutzertyp repräsentiert und Designern hilft, sich in deren Bedürfnisse und Verhaltensweisen einzufühlen.

- **Zugänglichkeit:** Produkte so gestalten, dass alle Benutzer, auch Menschen mit Behinderungen, sie effektiv nutzen können.

- **Informationsarchitektur (IA):** Die Organisation und Struktur von Inhalten innerhalb eines Produkts, um sicherzustellen, dass es logisch dargestellt und einfach zu navigieren ist.

- **Benutzerreise:** Eine Abfolge von Schritten, die ein Benutzer ausführt, um eine Aufgabe innerhalb eines Produkts auszuführen, die so geplant ist, dass Schwachstellen identifiziert und das Erlebnis optimiert werden.

- **Design Thinking**: Ein benutzerzentrierter Ansatz zur Problemlösung im UX-Design, bei dem Empathie, Ideenfindung, Prototyping und Tests im Vordergrund stehen.

B. Empfohlene Lese- und Lernressourcen

Um tiefer in UX-Design einzutauchen, sollten Sie die folgenden Bücher und Ressourcen in Betracht ziehen:

- **Bücher**:
  - *„Don't Make Me Think" von Steve Krug*: Ein Klassiker über Benutzerfreundlichkeit und benutzerzentrierte Designprinzipien.
  - *„Das Design alltäglicher Dinge" von Don Norman*: Erforscht die psychologischen Aspekte von Design und Benutzerfreundlichkeit.
  - *„Lean UX" von Jeff Gothelf und Josh Seiden*: Bespricht kollaborative UX-Ansätze in agilen Teams.
  - *„100 Dinge, die jeder Designer über Menschen wissen muss" von Susan Weinschenk*: Bietet Einblicke in das Denken, Fühlen und Verhalten von Menschen bei der Verwendung von Produkten.
- **Websites**:
  - *Nielsen Norman Group* (www.nngroup.com): Forschung, Artikel und Berichte zu Best Practices für UX-Design.
  - *Eine Liste für sich* (alistapart.com): Artikel zu Design, Entwicklung und UX-Einblicken.
  - *Interaktionsdesign-Stiftung* (interaction-design.org): Kurse, Artikel und Ressourcen zu verschiedenen UX-Themen.
- **Online-Kurse**:
  - *Coursera und edX*: Bieten Sie UX-Designkurse von Universitäten wie Stanford und der University of Michigan an.
  - *LinkedIn-Lernen*: Kurze, praktische Kurse zu UX/UI-Tools

und -Prinzipien.

- *Google UX Design-Zertifikat*: Ein anfängerfreundlicher Kurs zum Aufbau grundlegender UX-Kenntnisse.

C. Beispiel eines UX-Design-Projekt-Frameworks

Wenn Sie sich einem UX-Projekt nähern, kann ein strukturiertes Framework als Leitfaden für Ihren Prozess dienen. Hier ist ein Beispiel-Framework:

1. **Definieren Sie das Problem**: Identifizieren Sie das Problem, das das Design lösen muss.
2. **Führen Sie Benutzerforschung durch**: Verwenden Sie Methoden wie Interviews, Umfragen und Benutzertests, um die Benutzerbedürfnisse zu verstehen.
3. **Erstellen Sie Benutzer-Personas**: Entwickeln Sie Personas, um verschiedene Benutzertypen darzustellen und Designentscheidungen zu treffen.
4. **Entwickeln Sie User Journeys**: Zeichnen Sie den Interaktionsfluss des Benutzers auf und identifizieren Sie Schwachstellen.
5. **Wireframing und Prototyping**: Entwerfen Sie Low-Fidelity-Wireframes und gehen Sie dann zu interaktiven Prototypen über.
6. **Usability-Tests**: Führen Sie Tests mit echten Benutzern durch, sammeln Sie Feedback und verfeinern Sie das Design.
7. **Iterieren und abschließen**: Nehmen Sie Verbesserungen auf der Grundlage des Feedbacks vor und finalisieren Sie den Entwurf für die Entwicklung.

D. Portfolio-Vorlagen und Beispiellayouts

Ihr Portfolio ist entscheidend für die Präsentation Ihrer Fähigkeiten und Ihres Ansatzes. Hier finden Sie Tipps und Vorlagen:

- **Wesentliche Abschnitte**:
  - **Über mich**: Beschreiben Sie Ihren Hintergrund, Ihre Fähigkeiten und Ihren Ansatz zum UX-Design.
  - **Fallstudien**: Fügen Sie detaillierte Projektaufschlüsselungen mit Bildern hinzu, die das Problem, den Prozess und die Lösungen veranschaulichen.
  - **Fähigkeiten und Werkzeuge**: Listen Sie Softwarekenntnisse, Forschungsmethoden und technische Kompetenzen auf.
  - **Kontaktinformationen**: Machen Sie es potenziellen Arbeitgebern oder Kunden leicht, Sie zu erreichen.
- **Portfolio-Vorlagen**:
  - **Adobe-Portfolio**: Anpassbare Vorlagen mit Integration für Adobe XD- und Photoshop-Projekte.
  - **Behance**: Eine weit verbreitete Plattform zur Präsentation von Designprojekten.
  - **Webflow und Wix**: Bietet benutzerfreundliche, anpassbare Vorlagen, die auf Designer zugeschnitten sind.

Legen Sie beim Erstellen von Layouts Wert auf Einfachheit, Lesbarkeit und starke visuelle Elemente, um Ihre Arbeit hervorzuheben.

E. Vorgeschlagene Designübungen

und Miniprojekte

Das Üben mit kleinen Projekten und Übungen kann Ihre UX-Fähigkeiten schärfen:

1. **Entwerfen Sie eine gemeinsame Schnittstelle neu**: Wählen Sie eine App aus, die Sie täglich verwenden, und erstellen Sie ein neues Design, das alle bei Ihnen auftretenden Benutzerfreundlichkeitsprobleme berücksichtigt.
2. **Entwickeln Sie Benutzer-Personas**: Identifizieren Sie einen Zielbenutzertyp und erstellen Sie eine Persona unter Berücksichtigung ihrer demografischen Merkmale, Motivationen und Herausforderungen.
3. **Führen Sie einen Usability-Test durch**: Nehmen Sie eine einfache Website oder App und führen Sie mit Freunden oder der Familie einen Usability-Test durch. Nehmen Sie Rückmeldungen zur Kenntnis und identifizieren Sie Verbesserungsmöglichkeiten.
4. **Wireframing-Praxis**: Wählen Sie eine Website oder App aus, die Ihnen gefällt, und erstellen Sie Wireframes für die Hauptseiten, um Layout und Struktur zu verstehen.
5. **User Journey Mapping**: Ordnen Sie die Schritte, die ein Benutzer unternimmt, um ein Ziel zu erreichen, in einer App zu und heben Sie alle Schwachstellen oder Reibungspunkte hervor.

Diese Übungen werden Ihnen dabei helfen, sowohl Ihre technischen Fähigkeiten als auch Ihr Einfühlungsvermögen als Designer zu verbessern.

F. Häufige UX-Designfehler, die es zu vermeiden gilt

Wenn Sie sich der häufigsten Fallstricke bewusst sind, können

Sie bessere, benutzerzentriertere Designs erstellen:

- **Nutzerforschung ignorieren**: Das Überspringen von Recherchen führt zu Designs, die auf Annahmen basieren, die möglicherweise nicht den Benutzeranforderungen entsprechen.
- **Überladung mit Funktionen**: Vermeiden Sie das gleichzeitige Hinzufügen zu vieler Funktionen. legen Wert auf Einfachheit und wesentliche Funktionalitäten.
- **Inkonsistente UI-Elemente**: Halten Sie Farben, Schriftarten und Schaltflächen konsistent, um die Vertrautheit des Benutzers zu wahren und Verwirrung zu vermeiden.
- **Barrierefreiheit vernachlässigen**: Entwerfen Sie für Benutzer mit unterschiedlichen Fähigkeiten, indem Sie Best Practices für Barrierefreiheit befolgen.
- **Schlechtes Navigationsdesign**: Stellen Sie sicher, dass die Navigation intuitiv, konsistent und vorhersehbar ist, um Frustration der Benutzer zu vermeiden.

Wenn Sie diese Fehler frühzeitig erkennen, können Sie Designs erstellen, die sowohl funktional als auch ansprechend sind.

G. UX-Design-Communitys und Netzwerkressourcen

Der Aufbau von Verbindungen zu anderen UX-Designern kann Unterstützung, Inspiration und Karrieremöglichkeiten bieten. Hier sind einige wertvolle Communities:

- **Online-Foren:**
  - **Designer-Hangout**: Eine Slack-Community für UX-Designer zur Diskussion von Design, Karrieretipps und Branchentrends.
  - **UX-Design-Subreddit (r/userexperience)**: Eine Reddit-Community für Fragen, Fallstudien und allgemeine UX-

Diskussionen.

- **Berufsgruppen:**
  - **AIGA (Amerikanisches Institut für Grafikkunst):** Veranstaltet UX-Design-Events, Workshops und Networking-Möglichkeiten.
  - **UXPA (User Experience Professionals Association):** Bietet Ressourcen, lokale Treffen und eine jährliche UX-Konferenz.
- **Soziale Medien und Networking:**
  - **LinkedIn:** Treten Sie UX-Designgruppen bei und folgen Sie Branchenführern, um auf dem Laufenden zu bleiben.
  - **Twitter:** Folgen Sie Hashtags wie #uxdesign, #userexperience und #designthinking, um Tipps, Diskussionen und die neuesten Trends zu entdecken.

Durch den Beitritt zu diesen Communities erhalten Sie Zugang zu Mentoring, Wissensaustausch und Feedback, die für die Weiterentwicklung Ihrer UX-Karriere von entscheidender Bedeutung sein können.

www.ingramcontent.com/pod-product-compliance
Lightning Source LLC
LaVergne TN
LVHW022348060326
832902LV00022B/4310